高职高专教改新成果规划教材·会计

Nashui Shenbao Shiwu Shixun

纳税申报实务实训

刘彩霞 张娟 / 主编
邓晴 宋燕 汤玉梅 / 副主编

东北财经大学出版社
Dongbei University of Finance & Economics Press
大连

图书在版编目(CIP)数据

纳税申报实务实训 / 刘彩霞，张娟主编. —大连：东北财经大学出版社，2015.2

（高职高专教改新成果规划教材·会计）

ISBN 978-7-5654-1856-3

Ⅰ. 纳… Ⅱ. ①刘… ②张… Ⅲ. 纳税-税收管理-中国-高等职业教育-教材 Ⅳ. D812.423

中国版本图书馆CIP数据核字(2015)第023826号

东北财经大学出版社出版

(大连市黑石礁尖山街217号 邮政编码 116025)

教学支持：（0411）84710309

营 销 部：（0411）84710711

总 编 室：（0411）84710523

网 址：http：//www.dufep.cn

读者信箱：dufep@dufe.edu.cn

大连美跃彩色印刷有限公司印刷 东北财经大学出版社发行

幅面尺寸：185mm×260mm 字数：223千字 印张：14 3/4

2015年2月第1版 2015年2月第1次印刷

责任编辑：张旭凤 魏 巍 责任校对：王 娟 刘 洋 孙 萍 赵 楠

封面设计：冀贵收 版式设计：钟福建

定价：26.00元

◇前　言◇

为了贯彻落实国家加快现代职业教育发展、培养社会需要的高素质技术技能型人才的战略部署，我们按照教育部《国家中长期教育改革和发展规划纲要（2010-2020年）》、《教育部关于推进中等和高等职业教育协调发展的指导意见》（教职成〔2011〕9号）以及《国务院关于加快发展现代职业教育的决定》（国发〔2014〕19号）等文件精神，根据税务会计岗位的需要和实训教师的教学需求，编写了《税务会计》配套系列实训教材。

本书以武汉市祥龙电子有限公司（虚构）为例，编写了其一个月的经济业务，并提供了各种各样的原始凭证（仿真），要求学生根据原始凭证及有关资料等运用复式记账法，采用通用记账凭证、试算平衡表、日记账、总账、明细账、纳税申报表、会计报表等配套资料进行实际操作，独立完成整套的会计核算工作和纳税申报工作，培养正确处理纳税申报中各种业务的能力，从而完成理论知识到工作技能的转化。

本书的编写具有以下几个特点：

第一，可操作性强，重视实践能力的培养。教材以学生日后的实际工作需要为核心，紧密结合税务会计工作中的实际，根据税务会计的具体工作方式设计工作流程图；着眼于具体操作知识的编写，条理清晰，操作规范，重在学生的技能训练，主张“管用、够用、实用”。

第二，设计精炼，涉税事项覆盖面大。教材中力求给学生和老师营造一个更加清晰的模拟环境，在40多项业务中涉及了增值税、营业税、企业所得税、城市维护建设税、教育费附加、地方教育附加、城镇土地使用税、房产税、车船税、个人所得税等，练习全面。

第三，使用效果好，能实现学习、示范、模拟练习、教师指导和考核等各环节紧密结合，使学生边看边学、边学边练，从而起到强化技能、规范操作的效果。

在本书编写过程中，我们专门组织了教材编写研究会，邀请了校外企业专家进行了深入的研讨，力求体现高职教育特色，突出了对学生实践能力的培养，充分体现了教学过程的实践性、开放性和职业性。本书由湖北财税职业学院财税系主任刘彩霞教授任第一主编，湖北财税职业学院教师、注册税务师张娟老师任第二主编，湖北财税职业学院教师、注册税务师邓晴、宋燕、汤玉梅任副主编，彭晖、文丹、丁婷玉、沈颖喆等老师参与了编写。

由于编者水平有限，书中不妥之处在所难免，恳请读者在使用教材中提出宝贵意见。

编　者

2014年12月

◇目　录◇

第一部分
纳税申报实务实训操作准备

1.1 纳税申报实务实训的目的

高等职业技术教育是我国高等教育体系的重要组成部分。从20世纪90年代末开始，伴随我国高等教育的快速发展，高等职业技术教育也进入了快速发展时期。在短短的十几年时间内，我国高等职业技术教育的规模，无论是在校生数量还是院校的数量，都接近于占高等教育总规模的半壁江山。自2002年10月以后，教育部连续召开了三次全国高等职业教育产学合作研讨会，明确指出高等职业技术教育要“以服务为宗旨，以就业为导向，走产学研结合的发展道路”，为高等职业技术教育的发展指明了方向。2014年6月，全国职业教育工作会议在京召开，会议提出要大力发展中国特色的职业教育，并印发了《国务院关于加快发展现代职业教育的决定》。根据会议的精神，高等职业技术教育承担着为我国走新型工业化道路，调整经济结构和转变增长方式，培养高素质技能型人才的任务。

随着我国经济建设步伐的加快，税务代理业作为适应经济发展需要的朝阳产业，急需高素质、高技能的专业人才。面对这一形势，税务专业根据市场和社会需要，不断更新教学内容，改进教学方法；大力推进精品课程和精品教材建设；高度重视实践和实训环节教学，与企业紧密联系，加强学生的生产实习和社会实践。实训课程作为教学改革的重要载体，是实现理论知识到工作技能的重要桥梁，纳税申报实务实训课程应达到下列目的：

（1）努力体现真实的职业环境。本实训课程在税务实训室组织教学，实现仿真环境教学。

（2）强调实训项目的应用性和规范性。本实训课程不仅包含纳税申报的全部内容，还突出涉税会计核算流程，同时培养学生防范办税岗位涉税风险意识。

（3）加强技能操作训练。要使学生不仅限于对某项技能的了解、知晓，而应该对主要技能达到独立操作和熟练的水平，这就需要有一定量的积累。通过设计、选择典型工作任务，达到使学生举一反三，触类旁通的目的。

1.2 纳税申报实务实训的要求

本模拟实训以武汉市祥龙电子有限公司（虚构）为例，编写了其一个月的经济业务，并提供了各种原始凭证（仿真），要求学生根据原始凭证及有关资料等运用复式记账法，采用实际的通用记账凭证，以及书中提供的试算平衡表、日记账、总账、明细账、纳税申报表、会计报表等配套资料进行实际操作，独立完成整套的会计核算工作和纳税申报工作。具体要求如下：

1.2.1 会计文字和数字书写要求

会计书写规范是对企业会计事项书写时采用书写工具、书写文字或数字、书写要求、书写方法及格式等方面进行的规范。会计文字和数字书写规范是会计的基础工作标准，直接关系到会计工作质量的优劣和会计管理水平的高低，以及会计数据资料的准确性、及时性和完整性。

（1）会计文字书写规范。

会计上的文字书写是指汉字书写，会计人员每天都离不开书写，不仅要书写文字，而且要书写数字，两者是相辅相成的。书写数字离不开文字的表述，文字也离不开数字的说明，只有文字、数字并用，才能正确反映经济业务。

会计人员在填制会计凭证时要写明经济业务内容，接受凭证单位名称，商品类别、计量单位，会计科目（总账科目和明细科目）及金额大写等；登记会计账簿时，要用汉字书写“摘要”栏，即会计事项和据以登账的凭证种类，如“收字”、“付字”、“转字”或“现收”、“现付”、“银收”、“银付”和“转”字等；编制会计报表时，撰写会计报告说明、会计分析报告及其他应用文字等，都需要汉字。所以说，文字书写在财务会计书写中具有重要作用。

会计工作对书写的基本要求是：简明扼要，字体规范，字迹清晰，排列整齐，书写流利，字迹美观。

①用文字对所发生的经济业务简明扼要地叙述清楚，文字不能超过各书写栏。书写会计科目时，要按照会计制度的有关规定写出全称，不能简化、缩写，并且子目、明细科目也要准确、规范。

②书写字迹清晰、工整。书写文字时，可用正楷或行书，但不能用草书，要掌握每个字的重心，字体规范，文字大小应一致，汉字间适当留间距。

③会计人员在书写文字时，应养成正确的写字姿势，掌握汉字的笔顺和字体结构，写好规范的汉字。

④中文大写数字笔画多，不易涂改，主要用于填写需要防止涂改的销货发票、银行结算凭证等信用凭证，书写时要准确、清晰、工整、美观，如果写错，要标明凭证作废，重新填凭证。

A.中文大写数字写法。中文分为数字（壹、贰、叁、肆、伍、陆、柒、捌、玖）和数位［拾、佰、仟、万、亿、元、角、分、零、整（正）］两个部分。中文书写通常采用正楷、行书两种。

会计人员在书写中文大写数字时，不能用0（另）、一、二、三、四、五、六、七、八、九、十等文字代替大写金额数字。

B.中文大写数字的基本要求如下：

a.大写金额由数字和数位组成。数位主要包括元、角、分、人民币和拾、佰、仟、万、亿以及数量单位等。

b.大写金额前若没有印制“人民币”字样的，书写时，在大写金额前要冠以“人民币”字样。“人民币”与金额首位数字之间不得留有空格，数字之间更不能留存空格，写数字与读数字顺序要一致。

c.人民币以元为单位时，只要人民币元后分位没有金额（即无角无分时，或有角无分），应在大写金额后加上“整”字结尾；如果分位有金额，在“分”后不必写“整”字。例如，58.69 元，写成人民币伍拾捌元陆角玖分。因其分位有金额，在“分”后不必写“整”字。又如，58.60 元，写成人民币伍拾捌元陆角整。因其分位没有金额，应在大写金额后加上“整”字结尾。

d.如果金额数字中间有两个或两个以上“0”字时，可只写一个“零”字。如金额为 800.10 元，应写为人民币捌佰元零壹角整。

e.表示数字为拾几、拾几万时，大写文字前必须有数字“壹”字，因为“拾”字代表位数，而不是数字。例如 10 元，应写为壹拾元整。又如 16 元，应写成壹拾陆元整。

f.大写数字不能乱用简化字，不能写错别字，如“零”不能用“另”代替，“角”不能用“毛”代替等。

g.中文大写数字不能用中文小写数字代替，更不能与中文小写数字混合使用。

C.中文大写数字错误的订正方法。中文大写数字写错或发现漏记，不能涂改，也不能用“划线更正法”，必须重新填写凭证。

D.大写金额写法解析。会计人员进行会计事项处理书写大小写金额时，必须做到大小写金额内容完全一致，书写熟练、流利，准确完成会计核算工作。下面列举在书写大写金额时容易出现的问题并进行解析。

例 1：小写金额为 6 500 元。

正确写法：人民币陆仟伍佰元整。

错误写法：人民币：陆仟伍佰元整。

错误原因：“人民币”后面多一个冒号。

例 2：小写金额为 3 150.50。

正确写法：人民币叁仟壹佰伍拾元零伍角整。

错误写法：人民币叁仟壹佰伍拾元伍角整。

错误原因：漏写一个“零”字。

例 3：小写金额为 105 000.00 元。

正确写法：人民币壹拾万零伍仟元整。

错误写法：人民币拾万伍仟元整。

错误原因：漏记“壹”和“零”字。

例 4：小写金额 60 036 000.00 元。

正确写法：人民币陆仟零叁万陆仟元整。

错误写法：人民币陆仟万零叁万陆仟元整。

错误原因：多写一个“万”字。

例 5：小写金额 35 000.96 元。

正确写法：人民币叁万伍仟元零玖角陆分。

错误写法：人民币叁万伍仟零玖角陆分。

错误原因：漏写一个“元”字。

例6：小写金额150 001.00元。

正确写法：人民币壹拾伍万零壹元整。

错误写法：人民币壹拾伍万元另壹元整。

错误原因：将“零”写成“另”，多出一个“元”字。

（2）会计数字书写规范。

在世界各国的会计记录中，通常采用的数字是阿拉伯数字。阿拉伯数字书写规范是指要符合手写体的规范要求。

①数字书写要求。

A.每个数字要大小匀称，笔画流畅，每个数字独立有形，不能连笔书写，要让使用者一目了然。

B.每个数字要紧贴底线书写，但上端不可顶格，其高度约占全格的1/2～2/3的位置，要为更正错误数字留有余地。除6、7、9外，其他数字高低要一致。书写数字“6”时，上端比其他数字高出1/4，书写数字“7”和“9”时，下端比其他数字伸出1/4。

C.书写每个数字排列有序，并且数字要有一定倾斜度。各数字的倾斜度要一致，一般要求上端一律向右顺斜45度到60度。

D.书写数字时，各数字从左至右，笔画顺序是自上而下，先左后右，并且每个数字大小一致，数字排列的空隙应保持一定且同等距离，每个字上下左右要对齐，在印有数位线的凭证、账簿、报表上，每一格只能写一个数字，不得几个字挤在一个格里，更不能在数字中间留有空格。

E.会计数字的书写必须采用规范的手写体书写，这样才能使会计数字规范、清晰、符合会计工作的要求。

F.会计工作人员要保持个人的独特字体和书写特色，以防止别人模仿或涂改。会计数字书写时，除“4”和“5”以外的数字，必须一笔写成，不能人为地增加数字的笔画。

G.不要把“0”和“6”、“1”和“7”、“3”和“8”、“7”和“9”书写混淆。在写阿拉伯数字的整数部分，可以从小数点向左按照“三位一节”用分位点“，”分开或加1/4空分开。如8，541，630或8 541 630。

H.阿拉伯数字表示的金额为小写金额，书写时，应采用人民币符号“￥”。“￥”是汉语拼音文字之（yuan）第一个字母缩写变形，它既代表了人民币的币制，又表示人民币“元”的单位。所以，小写金额前填写人民币符号“￥”以后，数字后面可不写“元”字。

需要注意的是：“￥”与数字之间不能留有空格。书写人民币符号时，要注意“￥”与阿拉伯数字的明显区别，不可混淆。在填写会计凭证、登记会计账簿、编制会计报表时，数字必须要按数位填入，金额要采用“0”占位到“分”为止不能采用划线等方法代替。

②数字书写错误的订正方法。

书写数字发生错误时，要严禁采用刮、擦、涂改或采用药水消除字迹方法改错，应采用正确的更正方法进行更正。更正的方法叫划线更正法，即将错误的数字全部用单红线注销掉，并在错误的数字上盖章，而后在原数字上方对齐原位填写出正确的数字。

1.2.2　原始凭证的填制和审核要求

在会计实务中，由于经济业务的种类和内容不同，经营管理的要求不同，原始凭证的名称、格式和内容也千差万别。但无论何种原始凭证，都必须反映经济业务发生或完成情况，并明确有关经济人的责任。所以各种原始凭证一般应具备以下基本内容(也称为原始凭证要素)：

（1）原始凭证名称和编号；

（2）填制原始凭证的日期；

（3）接受原始凭证单位名称；

（4）经济业务内容(含数量、单价、金额等)；

（5）填制凭证单位或填制人姓名；

（6）经办人员的签名或盖章；

（7）凭证附件。

原始凭证按照来源不同，分为外来原始凭证和自制原始凭证；按其填制手续和方法的不同，可分为一次凭证、累计凭证和汇总凭证。

原始凭证是具有法律效力的证明文件，是进行会计核算的依据，必须认真填制。原始凭证的种类不同，其具体填制方法和填制要求也不尽一致，但就原始凭证应反映的经济业务、明确经济责任而言，原始凭证填制的一般要求是相同的。为了确保会计核算资料的真实、准确并及时反映，填制原始凭证应遵循如下原则：记录要真实；内容要完整；手续要完备；书写要规范；填制要及时；不得涂改、刮擦、挖补；编号要连续。

原始凭证必须经过会计人员审核无误后，才能作为登记明细分类账和编制记账凭证的依据。这是保证会计核算资料的真实、正确和合法，充分发挥会计监督作用的重要环节。原始凭证的审核包括真实性审核、完整性审核和合法性审核三个方面的内容。

1.2.3　记账凭证的填制和审核要求

记账凭证的主要作用在于对种类繁多、格式各异的原始凭证进行归类、整理，运用账户和复式记账方法确定会计科目，编制会计分录，并据以记账。虽然在实际工作中，由于其所反映经济业务的内容不同、各单位规模大小及其对会计核算繁简程度的要求不同，其格式亦有所不同。但为了满足记账的基本要求，记账凭证应具备以下基本内容：

（1）记账凭证的名称，如收款凭证、付款凭证、转账凭证；

（2）填制记账凭证的日期和记账凭证的编号；

（3）经济业务的内容摘要；

（4）经济业务所涉及的会计科目(一级科目、二级或明细科目)及其记账方向、金额；

（5）所附原始凭证张数；

（6）填制凭证人员、稽核人员、记账人员、会计主管或其他指定人员的签名或盖章。

通用凭证的填制，日期填写的是填制本凭证的日期；右上角填写填制记账凭证的顺序号；“摘要”填写记录的经济业务的简要说明；将经济业务中所涉及全部会计科目，按照先借后贷的顺序记入“会计科目”栏中的“一级科目”和“二级或明细科目”，并按应借、应贷方向分别记入“借方金额”或“贷方金额”栏；“记账”是指该凭证已登记账簿的标记，防止经济业务重记或漏记；“金额”是指该项经济业务的发生额；该凭证右边

“附件　张”是指本记账凭证所附原始凭证的张数；最下边分别由有关人员签章，以明确经济责任。

为了保证账簿记录的正确性，有利于监督经济业务，必须对记账凭证进行审核。记账凭证的审核，除了对原始凭证复审外，还应审核以下内容：

（1）记账凭证是否附有原始凭证，所附原始凭证是否完整；记账凭证上填写的张数是否与实际原始凭证的张数相符；记账凭证反映的内容是否与原始凭证的内容相符。

（2）记账凭证的应借、应贷会计科目是否正确，账户对应关系是否清晰，金额计算是否准确。

（3）记账凭证有关项目的填写是否完备，有关人员的签名或盖章是否齐全，以及填写是否符合规范等。

记账凭证经过审核后，如发现有错误，应查明原因及时处理，包括补办手续、补填内容、拒绝办理，或按规定方法更正错误等。只有经过审核无误后的记账凭证，才能据以登记账簿。

1.2.4 账簿登记要求

在实际工作中，账簿的格式是多种多样的，不同格式的账簿所记录的经济内容也不相同。但各种账簿都应具备一些基本内容，也称基本要素，这些基本要素主要包括封面、扉页、账页。

登记会计账簿时所应遵循的基本要求如下：

（1）准确完整。

登记会计账簿时，应当将会计凭证日期、编号、业务内容摘要、金额和其他有关资料逐项记入账内，做到数字准确、摘要清楚、登记及时、字迹工整。每一项会计事项，一方面要记入有关的总账，另一方面要记入该总账所属的明细账。账簿记录中的日期，应该填写记账凭证上的日期；以自制的原始凭证，如收料单、领料单等，作为记账依据的，账簿记录中的日期应按有关自制凭证上的日期填列。此外，登记账簿要及时。

（2）注明记账符号。

登记完毕后，要在记账凭证上签名或者盖章，并注明已经登账的符号，表示已经记账。在记账凭证上设有专门的栏目供注明记账的符号，以免发生重记或漏记。

（3）书写留空。

账簿中书写的文字和数字上面要留有适当空格，不要写满格，一般应占格距的二分之一。这样，在一旦发生登记错误时，能比较容易地进行更正，同时也方便查账工作。

（4）正常记账使用蓝黑墨水。

登记账簿要用蓝黑墨水或者碳素墨水书写，不得使用圆珠笔（银行的复写账簿除外）或者铅笔书写。在会计上，数字的颜色是重要的语素之一，它同数字和文字一起传达出会计信息。如同数字和文字错误会表达错误的信息，书写墨水的颜色用错了，其导致的概念混乱也不亚于数字和文字错误。

（5）特殊记账使用红墨水。

下列情况，可以用红色墨水记账：

①按照红字冲账的记账凭证，冲销错误记录；

②在不设借贷等栏的多栏式账页中，登记减少数；

③在三栏式账户的余额栏前，如未印明余额方向的，在余额栏内登记负数余额；

④根据国家统一会计制度的规定可以用红字登记的其他会计记录。例如，财政部会计司编辑的《会计制度补充规定及问题解答（第一辑）》，在解答“应交税费——应交增值税”明细账户的设置方法时，对使用红色墨水登记的情况作了一系列较为详尽的说明：在“进项税额”专栏中用红字登记退回所购货物应冲销的进项税额；在“已交税费”专栏中用红字登记退回多交的增值税额；在“销项税额”专栏中用红字登记退回销售货物应冲销的销项税额，以及在“出口退税”专栏中用红字登记出口货物办理退税后发生退货或者退关而补交已退的税款。

（6）顺序连续登记。

各种账簿按页次顺序连续登记，不得跳行、隔页。如果发生跳行、隔页，应当将空行、空页划线注销，或者注明此行空白、此页空白字样，并由记账人员签名或者盖章。这对预防在账簿登记中可能出现的漏洞，是十分必要的防范措施。

（7）结出余额。

凡需要结出余额的账户，结出余额后，应当在借或贷等栏内写明借或者贷等字样。没有余额的账户，应当在借或贷，等栏内写“平”字，并在余额栏内用“0”表示。库存现金日记账和银行存款日记账必须逐日结出余额。一般说来，对于没有余额的账户，在余额栏内标注的“0”应当放在“元”位。

（8）过次承前。

每一账页登记完毕结转下页时，应当结出本页合计数及余额，写在本页最后一行和下页第一行有关栏内，并在摘要栏内注明过次页和承前页字样；也可以将本页合计数及金额只写在下页第一行有关栏内，并在摘要栏内注明承前页字样。也就是说，“过次页”和“承前页”的方法有两种：一是在本页最后一行内结出发生额合计数及余额，然后过次页并在次页第一行承前页；二是只在次页第一行承前页写出发生额合计数及余额，不在上页最后一行结出发生额合计数及余额后过次页。

对“过次页”的本页合计数的结计方法具体规定有：

①对需要结计本月发生额的账户，结计过次页的本页合计数应当为自本月初起至本页末止的发生额合计数。这样做，便于根据“过次页”的合计数，随时了解本月初到本页末止的发生额，也便于月末结账时，加计“本月合计”数。

②对需要结计本年累计发生额的账户，结计过次页的本页合计数应当为自年初起至本页末止的累计数。这样做，便于根据“过次页”的合计数，随时了解本年初到本页末止的累计发生额，也便于年终结账时，加计“本年累计”数。

③对既不需要结计本月发生额也不需要结计本年累计发生额的账户，可以只将每页末的余额结转次页。如某些材料明细账户就没有必要将每页的发生额结转次页。

会计人员在填制凭证、登记账簿和编制报表过程中，难免会发生各种各样的会计数据错误，如重记、漏记、数字颠倒、数字错位、记错账户等情况，从而影响会计信息的准确性，会计人员若发现错误应及时找出差错原因，并予以更正。会计人员在计算机或手工操作中发生在数据方面的错误类型很多，其查找的方法主要有：

①差数法。它是指按照错账的差数查找错账的方法。例如，在记账过程中只登记了会计分录的借方或贷方，漏记了另一方，从而形成试算平衡中借方合计与贷方合计不等。其表现形式是：借方金额遗漏，会使该金额在贷方超出；贷方金额遗漏，会使该金额在借方超出。对于这样的差错，可由会计人员通过回忆或与相关金额的记账核对进行查找。

②尾数法。对于发生的角、分的差错，可以只查找小数部分，以提高差错的效率。

③二除法。它是指将差额数除以2来查找错账的方法。在记账时，如果某账户的金额记错了方向，即，借方金额错记入贷方(或相反)时，则必然会出现一方合计数增多，而另一方合计数减少的情况，其差额应是记错方向金额的2倍，将此差数用2去除，得出的商即是反向的金额。然后在账簿中查找与之相同的数字，而不必逐笔查找，这样，很容易找出错账所在。例如，应记入“银行存款”科目借方的4 000元误记入贷方，则该明细科目的期末余额将小于其总分类科目期末余额8 000元，被2除的商4 000元即为借贷方向反向的金额。同理，如果借方总额大于贷方600元，就应查找有无300元的贷方金额误记入借方。凡差数为偶数的，可以先采用二除法查找。

④九除法。它是指将差数除以9来查找错账的方法。适用于以下三种情况：

A. 小数记成大数。如将100误记为1 000，差数为900，除9得100，则100应为正确数。

B. 大数记成小数。如将400写为40，差数为360，除9得40，则40为错记数。将商数乘以10即为正确数。

C. 邻数颠倒。如将34写成43，109写成190等。颠倒的两个数字之差最小为9，最大为81。查找的方法是：将差数除以9，得出的商连续加11，直到找出颠倒的数字为止。如，将34写成43，其差数为9，将差数除9得1，连续加11后可能的结果为12、23、34。当发现账簿记录中出现上述数字（本例为34)，则有可能是颠倒的数字。

在填制记账凭证和登记会计账簿的过程中，难免会发生错误，如账户名称记错、借贷方向记反、串户以及重记、漏记、多记、少记等，发现各种错误记录时，不得任意用挖补、刮擦、涂改或用褪色药水等方法更正，必须根据错误的具体情况，采用相应的方法予以更正。错账更正的方法有三种：划线更正法、红字更正法和补充登记法。

1.2.5 纳税申报表填写要求

纳税申报是指纳税人按照税法规定定期就计算缴纳税款的有关事项向税务机关提出的书面报告，是税收征收管理的一项重要制度。

纳税人必须依照法律、行政法规规定或者税务机关依照法律、行政法规的规定确定的申报期限、申报内容如实办理纳税申报，报送纳税申报表、财务会计报表以及税务机关根据实际需要要求纳税人报送的其他纳税资料。具体包括：①财务会计报表及其他说明材料；②与纳税有关的合同、协议书及凭证；③税控装置的电子报税资料；④外出经营活动税收管理证明和异地完税凭证；⑤境内或者境外公证机构出具的有关证明文件；⑥税务机关规定应当报送的其他有关证件、资料。

扣缴义务人必须依照法律、行政法规的规定或者税务机关依照法律、行政法规的规定确定的申报期限、申报内容如实报送代扣代缴、代收代缴税款报告表以及税务机关根据实际需要要求扣缴义务人报送的其他有关资料。具体包括：税种、税目，应纳税项目或者应代扣代缴、代收代缴税款项目，计税依据，扣除项目及标准，适用税率或者单位税额，应退税项目及税额，应减免项目及税额，应纳税额或者应代扣代缴、代收代缴税额，税款所属期限、延期缴纳税款、欠税、滞纳金等。

（1）纳税申报表中各税税目的填写。

营业税：税目、经营项目、应税金额、税率必须填写正确、齐全。

企业所得税：各项目的本期数、累计数要如实填列。按应纳税所得额的累计数确定适用税率。企业亏损不缴企业所得税时，也要如实填列各项数据。

个人所得税：纳税人姓名、所得项目、应纳税所得额、税率、扣缴所得税款要据实填列。

城建税和教育费附加：计税(征)金额、税率(征收率)、应纳税额(应征金额)必须填写正确、齐全。

房产税：房产原值、计税房产原值、计税房产余值、房产租金收入、税率、年应纳税额、本期应纳税额，逐项填写准确。

土地使用税：土地等级、应税面积、单位税额、全年应纳税额、本期应纳税额，要逐项填写准确。

（2）填写纳税申报表时的其他注意事项。

纳税人在填写纳税申报表时，应注意以下事项：

①反映内容要真实。纳税人务必保证填报数据的真实性。按照《中华人民共和国税收征收管理法》有关规定，纳税人采取欺骗、隐瞒手段进行虚假纳税申报或者不申报，逃避缴纳税款数额较大并且占应纳税额百分之十以上的，处三年以下有期徒刑或者拘役，并处罚金；数额巨大并且占应纳税额百分之三十以上的，处三年以上七年以下有期徒刑，并处罚金。

②计算数据要准确。纳税人务必保证填报数据要准确、逻辑关系无误、表与表之间制约关系正确。

③填写项目要完整。纳税人务必按照要求填写申报表，并保证填报文字、数据的完整，如无数据的项目通常填“0”，不得漏项。

④递交手续要完备。

⑤填写报送要按时。除企业所得税、房产税、土地使用税可以按季申报，也可以按月申报外，其他税种一律按月申报。车船税在车辆年审时由交警部门代收。按照《中华人民共和国税收征收管理法》有关规定，纳税人未按时报送申报表及申报资料，税务机关将依法予以处罚。

1.2.6　会计报表编制要求

编制会计报表的基本目的，是向会计报表的使用者提供企业有关财务状况和经营成果方面的信息资料，而这些信息资料是会计报表使用者进行投资决策的主要依据，阅读会计报表则是包括投资者在内的有关各方取得企业财务状况信息和经营情况信息的主要途径。因此，企业必须保证会计报表提供的信息能够及时、准确、完整地反映企业的财务状况和经营成果。会计报表的质量特性是指使财务报表提供的信息对会计报表使用者有用的那些性质，主要包括可理解性、相关性、可靠性和可比性。会计报表必须及时提供给使用者，并做到便于理解、真实可靠、相关可比和全面完整。因此，编制会计报表的基本要求就是便于理解、真实可靠、相关可比、全面完整和编报及时。

（1）便于理解。

会计报表的可理解性是指其提供的会计信息应该为使用者所理解。企业对外公布的会计报表是提供给广大使用者的，会计报表的使用者通过阅读企业的会计报表来了解企业过去、现在和未来的财务信息资料，从而取得自己投资决策所需要的有关信息。因此，企业编制的会计报表应当容易理解，否则，会计报表使用者就不能作出可靠的判断，甚至有可能会作出错误的决策。当然，会计报表“便于理解”的要求是建立在会计报表使用者具有一定的会计报表阅读能力的基础上的。

（2）真实可靠。

会计作为一个信息系统，须如实反映企业的财务状况和经营成果。因此，企业编制的对外公布的会计报表为了满足不同的使用者对会计信息资料的要求，便于使用者根据所提供的有关资料对自己的投资行为作出决策、判断，会计报表所提供的数据必须做到真实可靠。如果会计报表所提供的财务信息不能做到真实可靠，或者提供虚假的财务信息，这样的会计报表就不可能发挥会计应有的作用，甚至会误导会计报表的使用者，使他们对企业的财务状况和经营情况不能作出正确的判断，造成决策失误，损害报表使用者的利益。按有关规定，上市公司公布的年度报告必须经过会计师事务所审计，中期报告则由公司自行决定是否审计。

（3）相关可比。

相关可比是指会计报表提供的财务信息必须与会计报表使用者的决策需要有关，并且具有可比性。因此，企业在编制会计报表时，应做到提供的财务信息能够使会计报表的使用者了解企业过去、现在的财务状况和经营情况以及未来的变化趋势，并提供给会计报表使用者有关的可比信息。

（4）全面完整。

会计报表应当全面反映企业的财务状况和经营成果，反映企业生产经营活动的全貌。会计报表只有全面反映企业的财务状况和经营成果，提供完整的会计信息资料，才能满足会计报表使用者对企业财务信息资料的需要。这既包括该编报的会计报表必须全部编报，也包括该填列的项目必须全部填列。因此，企业在编制会计报表时，凡是国家要求提供的会计报表，必须按照规定的要求编报，不得漏编、漏报；会计报表的格式和内容，必须按照规定进行填列。对于企业某些重要的会计事项，还应当在会计报表附注中加以说明。

（5）编报及时。

会计报表必须及时编报，否则就会失去信息的时效性。而失去时效性的信息即使再真实、可靠、完整，对会计报表的使用者来说，也是没有什么价值的。因此，会计报表必须及时编制和报送，这样才能有利于会计报表使用者使用。按照目前的有关规定，月度中期财务会计报告应当于月度终了后6日内(节假日顺延，下同)对外提供，季度中期财务会计报告应当于季度终了后15日内对外提供，半年度中期财务会计报告应当于年度中期结束后60日内(相当于2个连续的月份)对外提供，年度财务会计报告应当于年度终了后4个月内对外提供。

1.3　纳税申报实务实训的内容

为了给予学生身临其境的感性认识，使学生全面了解企业纳税申报的来龙去脉和掌握具体的申报方法，并将所学的理论知识和实际融会贯通，本实训包括以下内容：

（1）根据原始凭证运用复式记账法编制记账凭证（自备）；

（2）根据记账凭证编制试算平衡表；

（3）根据原始凭证、记账凭证编制银行存款日记账、库存现金日记账；

（4）根据记账凭证编制科目汇总表；

（5）根据原始凭证、记账凭证登记应收账款、应付账款、应交税费的明细账；

（6）根据科目汇总表登记总分类账；

（7）根据有关资料编制纳税申报表；

（8）根据有关资料编制资产负债表和利润表。

1.4　纳税申报实务实训的程序

本实训的操作程序如下：

（1）根据原始凭证编制记账凭证；

（2）根据记账凭证逐笔登记库存现金日记账和银行存款日记账；

（3）根据原始凭证和记账凭证，登记各种明细分类账；

（4）根据记账凭证编制科目汇总表；

（5）根据科目汇总表登记总分类账；

（6）期末，库存现金日记账、银行存款日记账和明细分类账的余额同有关总分类账的余额核对相符；

（7）期末，根据总分类账和明细分类账的记录，编制纳税申报表；

（8）期末，根据总分类账和明细分类账的记录，编制会计报表。

纳税申报实务实训具体流程见图 1-1：

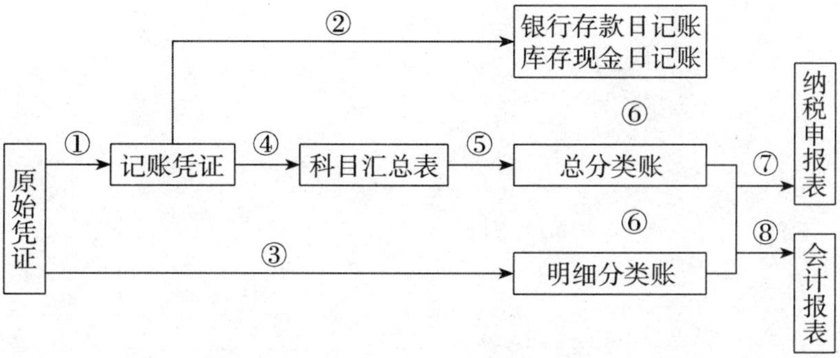

图 1-1　纳税申报实务实训具体流程

1.5 实训需要准备的用品

本实训需要准备以下物品：

（1）通用式记账凭证每个学生100张。

（2）会计凭证封面每个学生2张。

（3）带拉链文件袋每个学生1个。

（4）铁夹子每个学生3个。

（5）小刀每个学生1把。

（6）固体胶每个学生1个。

第二部分
纳税申报实务实训基础资料

>> 2.1 企业概况

企业名称：祥龙电子有限公司（简称祥龙电子）。

企业性质：工业企业。

纳税登记号码：210020084321010。

开户银行及账号：中国建设银行武昌支行，210202000202123123。

联系电话：027-88166666。

产品：甲、乙两种产品。

注册地址：武汉市武昌区白沙洲人道888号。

注册资本：1 000万元。

在职员工：80人。

>> 2.2 涉税资料

2.2.1 基础资料

1.增值税一般纳税人，适用税率17%，按月缴纳增值税，当月取得的符合规定的扣税凭证均在当月认证抵扣。城建税和教育费附加分别按应纳流转税税额的7%和3%计算缴纳。

2.企业所得税按月计提，按月预交，年度汇算清缴，适用税率25%。

3.个人所得税按七级超额累进税率代扣代缴。

4.房产税、车船税和土地使用税按月计提，年终一次性缴纳，有关资料如下：

（1）账面记载：生产经营用房原值9 000万元；职工食堂用房原值200万元；市郊一处仓库房产原值300万元。当地规定房产税计算允许减除房产原值的30%。

（2）土地使用证所记载的占用土地及其适用的土地使用税税率：一类地段1 000平方米，24元/平方米；二类地段500平方米，18元/平方米；三类地段200平方米，12元/平方米；郊区（相当于七类地段）100平方米，6元/平方米。

（3）拥有车辆情况：轿车2辆，用于管理部门；核定载客12人的中型客车1辆，核定载客30人的大型客车4辆，均用于接送职工上下班；载货汽车3辆，自重均为10吨，用于货运。武汉市规定，小型轿车每辆每年应纳税额480元，中型客车每辆每年应纳税额540元，大型客车每辆每年应纳税额600元，载货汽车按自重税额为每吨96元。

5.20×5年12月1日“应交税费”账户余额：未交增值税（贷）80 000元；应交营业税

20 000元；应交城建税7 000元；应交教育费附加3 000元；地方教育附加1 000元；应交个人所得税2 800元；应交房产税199 500元；应交土地使用税6 000元；应交车船税6 215元；应交企业所得税92 000元。

6.水电费：70%属于生产耗费，在甲、乙产品之间按1∶1的比例分配；20%属于管理部门耗费；10%属于职工食堂耗用。

7.生产工人人工费在甲、乙产品之间按2∶1的比例分配。

8.制造费用按1∶1的比例在甲、乙产品之间分配。

9.职工福利费：生产部门承担70%（甲、乙产品按1∶1的比例分摊）；管理部门承担20%；销售部门承担10%。

10.固定资产全部为20×4年12月新增，一律按照直线法计提折旧，预计净残值率为5%。

11.长期股权投资为全资子公司的投资。

12.20×5年1—11月已发生业务招待费50 000元。

13.20×5年1—11月已发生广告费及业务宣传费100 000元。

14.除题目中所涉及资料外，无其他需要调整事项，全年的所得税调整均在12月份进行。

15. 20×5年1—11月已预缴企业所得税702 750元。

16. 20×5年11月份有关账户如下：

20×5年11月份祥龙电子有关账户余额

单位：元

账户名称	借方余额	账户名称	贷方余额
库存现金	150 000.00	短期借款	400 000.00
银行存款	2 220 815.00	应付账款	150 000.00
应收账款	1 278 000.00	应付职工薪酬	440 000.00
应收票据	200 000.00	应交税费	417 515.00
其他应收款	45 350.00	应付利息	195 000.00
交易性金融资产	500 000.00	长期借款	2 000 000.00
原材料	3 594 000.00	实收资本	95 000 000.00
库存商品	3 244 000.00	资本公积	3 000 000.00
固定资产	96 540 000.00	盈余公积	2 000 000.00
无形资产	140 000.00	利润分配	5 604 935.00
长期股权投资	3 892 500.00	预计负债	1 346 715.00
递延所得税资产	7 500.00	累计折旧	1 188 000.00
		坏账准备(应收账款)	29 000.00
		坏账准备(其他应收款)	1 000.00
		累计摊销	40 000.00
合计	111 812 165.00	合计	111 812 165.00

17.20×5年1—11月份利润表有关项目如下：

利润表

会企02表

编制单位：祥龙电子有限公司　　20×5年11月　　单位：元

项目	本月数(略)	本年累计数
一、营业收入		10 020 000
减：营业成本		6 000 000
营业税金及附加		450 000
销售费用		450 000
管理费用		800 000
财务费用		60 000
资产减值损失		30 000
加：公允价值变动损益		0
投资收益		900 000
二、营业利润		3 130 000
加：营业外收入		20 000
减：营业外支出		1 000
三、利润总额		3 149 000
减：所得税费用		794 750
四、净利润		2 354 250
五、其他综合收益		0
六、其他综合收益税后净额		0
七、综合收益总额		0

18.20×5年11月30日资产负债表有关项目如下：

资产负债表

会企01表

编制单位：祥龙电子有限公司　　20×5年11月30日　　单位：元

资　产	年初余额	期末余额	负债和所有者权益	年初余额	期末余额
流动资产：			流动负债：		
货币资金	100 000.00	400 000.00	短期借款	1 092 000.00	2 370 815.00
以公允价值计量且其变动计入当期损益的金融资产			以公允价值计量且其变动计入当期损益的金融负债		500 000.00
应收票据			应付票据	300 000.00	200 000.00
应收账款	200 000.00	150 000.00	应付账款	865 650.00	1 249 000.00
其他应收款			预收账款	65 000.00	44 350.00
预付款项	400 000.00	440 000.00	应付职工薪酬		
应收利息	255 350.00	417 515.00	应交税费		
应收股利	190 000.00	195 000.00	应付利息		
存货			应付股利	9 105 900.00	6 838 000.00
持有待售资产			其他应付款		
一年内到期的非流动资产			持有待售负债		
其他流动资产			一年内到期的长期负债		
流动资产合计		1 346 715.00	其他流动负债	11 428 550.00	11 202 165.00
非流动资产：	1 145 350.00	2 949 230.00	流动负债合计		
可供出售金融资产			非流动负债：		
持有至到期投资	2 000 000.00	2 000 000.00	长期借款		
长期应收款			应付债券		
长期股权投资			长期应付款		3 892 500.00
投资性房地产			专项应付款		

续表

资　产	年初余额	期末余额	负债和所有者权益	年初余额	期末余额
固定资产	96 540 000.00	95 352 000.00	预计负债		
在建工程			递延所得税负债		
工程物资			其他非流动负债		
固定资产清理			非流动负债合计	2 000 000.00	2 000 000.00
生产性生物资产			负债合计	3 145 350.00	4 949 230.00
油气资产			所有者权益：		
无形资产		100 000.00	实收资本	95 000 000.00	95 000 000.00
开发支出			资本公积	3 000 000.00	3 000 000.00
商誉			减：库存股		
长期待摊费用			盈余公积	2 000 000.00	2 000 000.00
递延所得税资产		7 500.00	未分配利润	4 823 200.00	5 604 935.00
其他非流动资产			所有者权益合计	104 823 200.00	105 604 935.00
非流动资产合计	96 540 000.00	99 352 000.00			
资产总计	107 968 550.00	110 554 165.00	负债和所有者权益总计	107 968 550.00	110 554 165.00

单位负责人:　　　　　　　财会负责人:　　　　　　　复核:　　　　　　　制表:

2.2.2　20×5年12月份发生的部分经济业务

1.1日，向黄海物资供应公司购买A材料100千克和B材料200千克，开出转账支票1张，对方垫付运费及税金4 200元。材料已验收入库。

中国建设银行转账支票存根

支票号码 No0000000 1

科　　目：	
对方账户：	
签发日期：	20×5年12月01日
收 款 人：	黄海物资供应公司
金　　额：	¥249 900.00
用　　途：	购买材料
备　　注：	

单位主管：李永春　会　计：高桂格

复核：刘景明　记　账：高桂格

湖北增值税专用发票

4200151160　　抵扣联　　№ 10000001

开票日期：20×5年12月01日

购货单位	名　　称：祥龙电子有限公司 纳税人识别号：210020084321010 地 址 、电 话：武汉市武昌区白沙洲大道888号　027-88166666 开户行及账号：中国建设银行武昌支行　210202000202123123					密码区	（略）
货物或应税劳务、服务名称	规格型号	单位	数量	单价	金额	税率	税额
A材料		千克	100	500.00	50 000.00	17%	8 500.00
B材料		千克	200	800.00	160 000.00	17%	27 200.00
合　计					¥210 000.00		¥35 700.00
价税合计（大写）	⊗贰拾肆万伍仟柒佰元整				（小写）¥245 700.00		
销货单位	名　　称：黄海物资供应公司 纳税人识别号：2102012345678S 地 址 、电 话：武汉市珞瑜路2号 开户行及账号：汉口银行　210202123456789001					备注	2102012345678S

收款人：王进勇　　复核：　　开票人：刘福民　　销货单位（章）

第二联：抵扣联　购货方扣税凭证

湖北增值税专用发票

4200151160　　　　发 票 联　　　　№ 10000001

开票日期：20×5年12月01日

购货单位	名称：祥龙电子有限公司 纳税人识别号：210020084321010 地址、电话：武汉市武昌区白沙洲大道888号　027-88166666 开户行及账号：中国建设银行武昌支行　210202000202123123					密码区	（略）
货物或应税劳务、服务名称	规格型号	单位	数量	单价	金额	税率	税额
A材料		千克	100	500.00	50 000.00	17%	8 500.00
B材料		千克	200	00.00	160 000.00	17%	27 200.00
合　计					¥210 000.00		¥35 700.00
价税合计（大写）	⊗贰拾肆万伍仟柒佰元整				（小写）¥245 700 000.00		
销货单位	名称：黄海物资供应公司 纳税人识别号：2102012345678S 地址、电话：武汉市珞瑜路2号 开户行及账号：汉口银行　210202123456789001					备注	

收款人：王进勇　　复核：　　开票人：刘福民　　销货单位（章）：

第三联：发票联　购货方记账凭证

货物运输业增值税专用发票

抵　扣　联

发票代码4200151230

开票日期：20×5年12月01日　　　　发票号码10000001

承运人及纳税人识别号	武汉宏远运输公司 212543634012351	密码区	（略）				
实际受票方及纳税人识别号	祥龙电子有限公司 210020084321010						
收货人及纳税人识别号	祥龙电子有限公司 210020084321010	发货人及纳税人识别号	黄海物资供应公司 2102012345678S				
起运地、经由、到达地							
费用项目及金额	费用项目：普货　金额：¥3 783.78	费用项目	金额	运输货物信息	略	备注	
合计金额	¥3 783.78	税率	11%	机器编号	499900757354		
价税合计（大写）	⊗肆仟贰佰元整			（小写）¥4 200.00			
车种车号	略	车船吨位	略				
主管税务机关及代码	武汉市武昌区地税局 221029600	备注	（略）				

第二联：抵扣联　购买方抵扣凭证

货物运输业增值税专用发票

发　票　联

全国统一发票监制章　湖北省国家税务局监制

发票代码 4200151230

开票日期：20×5年12月01日　　　　发票号码 10000001

承运人及纳税人识别号	武汉宏远运输公司 212543634012351	密码区	（略）			
实际受票方及纳税人识别号	祥龙电子有限公司 210020084321010					
收货人及纳税人识别号	祥龙电子有限公司 210020084321010	发货人及纳税人识别号	黄海物资供应公司 2102012345678S			
起运地、经由、到达地						
费用项目及金额	费用项目 普货　金额 ￥3 783.78　费用项目　金额		运输货物信息	略	备注	
合计金额	￥3 783.78	税率	11%	机器编号	499900757354	
价税合计（大写）	⊗肆仟贰佰元整		（小写）￥4 200.00			
车种车号	略	车船吨位	略	备注	武汉宏远运输公司（略）212543634012351 发票专用章	
主管税务机关及代码	武汉市武昌区地税局 221029600					

第三联：发票联　购买方记账凭证

入库单

供应单位：黄海物资供应公司　　　　入库单编号

材料类别：主要材料　　　　20×5年12月01日　　　　收料仓库：材料库

编号	名称	规格	单位	数量		实际成本				
				应收	实收	买价		运费	其他	合计
						单价	金额			
A001	A材料		千克	100	100	500	50 000	1 261.26		51 261.26
B001	B材料		千克	200	200	800	160 000	2 522.52		162 522.52
合计										￥213 783.78

供销主管：莫发愁　　保管员：特认真　　记账：高桂格　　制单：艾志丹

2.2日，收到振兴公司600 000元投资款（合同略），收存银行。

中国建设银行 进账单（回单或收账通知）

20×5年12月02日

付款人	全　称	振兴公司	收款人	全　称	祥龙电子有限公司
	账　号	955000121222111010		账　号	210202000202123123
	开户银行	汇丰银行		开户银行	中国建设银行武昌支行
金额	人民币（大写）	⊗陆拾万元整		亿 千 百 十 万 千 百 十 元 角 分	¥ 6 0 0 0 0 0 0
票据种类		转账			
票据张数		1张			
单位主管 李永春　会计 高桂格 复核 刘景明　记账 高桂格				收款人开户银行盖章	

中国建设银行武昌支行 20×5年12月02日 转讫

此联是开户行交给收款人的回单

3.3日，企业行政管理部门购买办公用品，出纳以现金240元付讫。

武汉市中百连锁仓储超市有限公司发票

发票联（湖北省国家税务局监制）

发票代码 121020775511

购货单位：祥龙电子有限公司　　20×5年12月03日　　发 票号码 00445531

品名	单位	数量	单价	金额
打印纸	包	10	22	220
签字笔	支	10	2	20
金额（大写）⊗贰佰肆拾元整				

②报销凭证

开票单位盖章（武汉市中百连锁仓储超市有限公司 310083420864154 发票专用章）　复核人 刘景明　收款人 高桂格　开票人 张明

4.5日，开出转账支票19 900元，购买电脑5台，其中2台交付办公室使用，3台交付销售部门使用。

中国建设银行转账支票存根

支票号码 No00000002

科　　目：	
对方账户：	
签发日期：	20×5年12月05日
收 款 人：	苏宁电子商城
金　　额：	¥19 900.00
用　　途：	购买电脑
备　　注：	

单位主管：李永春　会计：高桂格

复核：刘景明　记账：高桂格

（祥龙电子……财务专……）

湖北增值税专用发票

发票联

4200094320　　　　No00948371

开票日期：20×5年12月05日

购货单位	名　　称：祥龙电子有限公司 纳税人识别号：210020084321010 地 址、电 话：武汉市武昌区白沙洲大道888号　027-88166666 开户行及账号：中国建设银行武昌支行　21020200020212312 3					密码区	（略）
货物或应税劳务、服务名称	规格型号	单位	数量	单价	金额	税率	税额
联想电脑		台	5	3 401.71	17 008.55	17%	2 891.45
合计					17 008.55		2 891.45
价税合计（大写）	⊗壹万玖仟玖佰元整				（小写）￥19 900.00		
销货单位	名　　称：苏宁电子商城 纳税人识别号：×××1234567890×× 地 址、电 话：略 开户行及账号：略					备注	略

收款人：　　复核：　　开票人：刘大科　　销货单位（章）：　　（盖章有效）

第三联：发票联　购货方记账凭证

印章：全国统一发票监制章 湖北省 国家税务局监制；苏宁电子商城 ***1234567890** 发票专用章

固定资产交接单

20×5年12月05日

移交单位		接受单位	办公室
固定资产名称	联想电脑	规格	
附属物		数量	2
建造单位	联想集团	出厂或建造年月	20×5年10月11日
安装单位		安装完成年月	20×5年12月05日
原值	￥7 960.00	其中：安装费	
移交单位负责人		接受单位负责人	

财务主管：李永春　　制单：刘景明　　复核：高桂格

固定资产交接单

20×5年12月05日

移交单位		接受单位	业务部门
固定资产名称	联想电脑	规格	
附属物		数量	3
建造单位	联想集团	出厂或建造年月	20×5年10月11日
安装单位		安装完成年月	20×5年12月05日
原值	￥11 940.00	其中：安装费	
移交单位负责人		接受单位负责人	

财务主管：李永春　　制单：刘景明　　复核：高桂格

5.5日，出售上半年购买的股票，售价为82 300元（账面价值为26 000元），证券公司扣收手续费164.60元、印花税246.90元。

武汉长江证券公司武昌路营业所过户交割单

卖　　　　20×5年12月05日	成交过户交割凭单
公司代码:888888	证券名称:601234
股东账号:321321321	成交数量:10 000
资金账户:6666	成交价格:￥8.23
股东姓名:祥龙电子有限公司	成交金额:￥82 300.00
申请编号:999	标准佣金2‰:￥164.60
申请时间:20×5年12月05日 pm10:32:25	过户费用:
成交时间:20×5年12月05日 pm10:33:01	印花税3‰:￥246.90
资金前余额:￥28 000.00	附加费用:
资金余额:￥2 000.00	实际收付金额:￥81 888.50
证券前余额:10 000股	
本次余额:0	

6. 6日，向希望工程赞助30 000元。

中国建设银行转账支票存根

支票号码 No00000003

科　　目:	
对方账户:	
签发日期:	20×5年12月06日
收 款 人:	希望工程办公室
金　　额:	￥30 000.00
用　　途:	捐赠
备　　注:	

单位主管：李永春　　会计：高桂格

复核：刘景明　　记账：高桂格

（印章：祥龙电子……财务专……）

希望工程捐款专用收据

PROJECT HOPE DONATION RECEIPT

湖财政监督字 161-1 号

20×5 年 12 月 06 日

捐赠者：祥龙电子有限公司　捐赠号：20×51206 Donor(s) 捐赠货币（实物）种类：七里坪小学 Curnency or Goods 捐赠金额（实物价值）Total Amount: 小写：¥ 30 000.00 大写：⊗叁万元整	第一联

收款单位（盖章）　　　　经手人：王爱元

RECEIVER'S SEAL　　　　HANDLED BY:

7. 8 日，车辆肇事，赔付对方 2 800 元车辆修理费。

湖北省武汉市普通发票

发票联

发票代码 121020531051

20×5 年 12 月 08 日　　　　发票号码 00011101

委托单位	祥龙电子有限公司		地址								
加工项目名称	单位	加工产品规格	数量	单价	金额						
					千	百	十	元	角	分	
钣金				1 000	1	0	0	0	0	0	第一联发票联
喷漆				1 800	1	8	0	0	0	0	
合计金额（大写）	⊗贰仟捌佰元整					¥ 2 800.00					
结算方式	开户银行		备注	本发票联大写金额与剪切券剪留金额相符（十元以下除外），否则无效							
	账　号										

收款单位：　　　　收款人：杨鉴涛

8. 9日，收到保险公司全额理赔的车辆肇事赔付款2 800元。

专用收款收据

收款日期20×5年12月09日　　湖北省财政厅监制

<table>
<tr><td>付款单位(收款人)</td><td>中华保险</td><td colspan="3">收款单位(领款人)</td><td colspan="4">祥龙电子有限公司</td><td colspan="2">收款项目</td><td>事故理赔</td></tr>
<tr><td rowspan="2">人民币(大写)</td><td rowspan="2">⊗贰仟捌佰元整</td><td>千</td><td>百</td><td>十</td><td>万</td><td>千</td><td>百</td><td>十</td><td>元</td><td>角</td><td>分</td><td>结算方式</td></tr>
<tr><td></td><td></td><td></td><td>¥</td><td>2</td><td>8</td><td>0</td><td>0</td><td>0</td><td>0</td><td>转账</td></tr>
<tr><td rowspan="2">事由</td><td rowspan="2">事故理赔款</td><td rowspan="2" colspan="3">经办</td><td colspan="2">部门</td><td rowspan="2" colspan="6"></td></tr>
<tr><td colspan="2">人员</td></tr>
<tr><td colspan="2" rowspan="2">上述款项照数收讫无误。
（领款人签章）</td><td colspan="3">会计主管</td><td colspan="2">稽核</td><td colspan="3">出纳</td><td colspan="3">交款人</td></tr>
<tr><td colspan="3">李永春</td><td colspan="2">李景明</td><td colspan="3">严红</td><td colspan="3">王爱国</td></tr>
</table>

第二联收款单位记账依据

1.本收据只作非经营性专用收款收据，不能代替发票使用。
2.结算方按现金、转账、付委、信汇、电汇、托收承付、托收无承付等方式分别填列。
3.本收据一式三联复写，不得涂改，如写错，不得撕掉，要保留被查。

中国建设银行 进账单（回单或收账通知）

20×5年12月09日

<table>
<tr><td rowspan="3">付款人</td><td>全称</td><td>中华保险</td><td rowspan="3">收款人</td><td>全称</td><td colspan="11">祥龙电子有限公司</td></tr>
<tr><td>账号</td><td>9550001212223445678</td><td>账号</td><td colspan="11">2102020002021231 23</td></tr>
<tr><td>开户银行</td><td>中国农业银行</td><td>开户银行</td><td colspan="11">中国建设银行武昌支行</td></tr>
<tr><td rowspan="2">金额</td><td rowspan="2">人民币(大写)</td><td colspan="3" rowspan="2">⊗贰仟捌佰元整</td><td>亿</td><td>千</td><td>百</td><td>十</td><td>万</td><td>千</td><td>百</td><td>十</td><td>元</td><td>角</td><td>分</td></tr>
<tr><td></td><td></td><td></td><td></td><td>¥</td><td>2</td><td>8</td><td>0</td><td>0</td><td>0</td><td>0</td></tr>
<tr><td colspan="2">票据种类</td><td colspan="3">转账</td><td colspan="11" rowspan="3">中国建设银行
武昌支行
20×5年12月09日
转讫
收款人开户银行盖章</td></tr>
<tr><td colspan="2">票据张数</td><td colspan="3">1张</td></tr>
<tr><td colspan="5">单位
主管 李永春　会计 高桂格　复核 刘景明
记账 高桂格</td></tr>
</table>

此联是开户行交给收款人的回单

9.9日，销售甲产品20件，开具的增值税专用发票注明单价42 000元，总价款840 000元，增值税142 800元。已办妥货款进账手续。

中国建设银行　**进账单**（回单或收账通知）

20×5年12月09日

付款人	全称	大连机电供应公司	收款人	全称	祥龙电子有限公司								
	账号	210202100987654321		账号	210202000202123123								
	开户银行	大连银行		开户银行	中国建设银行武昌支行								
金额	人民币（大写）	⊗玖拾捌万贰仟捌佰元整	亿	千	百	十	万	千	百	十	元	角	分
					¥	9	8	2	8	0	0	0	0
票据种类		转账	中国建设银行武昌支行 20×5年12月09日 转讫 收款人开户银行盖章										
票据张数		1张											
单位主管 李永春　会计 高桂格　复核 刘景明　记账 高桂格													

此联是开户行交给收款人的回单

湖北增值税专用发票

（印章：全国统一发票监制章 湖北省国家税务局监制）

4200151160　　此联不做报销、扣税凭证使用　　№ 10000001

开票日期：20×5年12月09日

购货单位	名　称：大连机电供应公司 纳税人识别号：21020211111111 地址、电话：大连市甘井子区新新路3号 开户行及账号：大连银行　210202100987654321					密码区	（略）
货物或应税劳务、服务名称	规格型号	单位	数量	单价	金额	税率	税额
甲商品		件	20	42 000.00	840 000.00	17%	142 800.00
合　计					¥840 000.00		¥142 800.00
价税合计（大写）	⊗玖拾捌万贰仟捌佰元整　　（小写）¥982 800.00						
销货单位	名　称：祥龙电子有限公司 纳税人识别号：210020084321010 地址、电话：武汉市武昌区白沙洲大道888号　027-88166666 开户行及账号：中国建设银行武昌支行　210202000202123123					备注	（印章：祥龙电子有限公司 210020084321010 发票专用章）

收款人：高桂格　　复核：刘景明　　开票人：　　销货单位（章）

第一联：记账联　销货方记账凭证

10.10日，转账支付上月应纳税金。

中华人民共和国税收通用缴款书　㊖

20×5年12月10日

缴款单位	代　码	21020280808080W	预算科目	编码	
	全　称	祥龙电子有限公司		名称	企业所得税
	开户银行	中国建设银行武昌支行		级次	中央60%，地市22%，县区18%
	账　号	210202000202123123	收款国库		武汉市分库
税款所属时期：20×5年11月1日至20×5年11月30日			税款限缴日期：20×5年12月15日		

品目名称	课税数量	计税金额或销售收入	税率或单位税额	已缴或扣除额	实缴金额
企业所得税			25%		¥92 000.00
金额合计（大写）	人民币玖万贰仟元整		（小写）¥92 000.00		
缴款单位（人）（盖章） 经办人（章）	税务机关（盖章） 填票人（章）	上列款项已收妥并划转收款单位账户。 国库（银行）盖章　20×5年12月10日			备注

第一联国库（银行）收款盖章后退缴款人作完税凭证

逾期不缴按税法规定加收滞纳金

中华人民共和国税收通用缴款书　㊖

20×5年12月10日

缴款单位	代　码	21020280808080W	预算科目	编码	
	全　称	祥龙电子有限公司		名称	增值税
	开户银行	中国建设银行武昌支行		级次	中央75%，地方25%
	账　号	210202000202123123	收款国库		武汉市分库
税款所属时期：20×5年11月1日至20×5年11月30日			税款限缴日期：20×5年12月15日		

品目名称	课税数量	计税金额或销售收入	税率或单位税额	已缴或扣除额	实缴金额
增值税			17%		¥80 000.00
金额合计（大写）	人民币捌万元整		（小写）¥80 000.00		
缴款单位（人）（盖章） 经办人（章）	税务机关（盖章） 填票人（章）	上列款项已收妥并划转收款单位账户。 国库（银行）盖章　20×5年12月10日			备注

第一联国库（银行）收款盖章后退缴款人作完税凭证

逾期不缴按税法规定加收滞纳金

中华人民共和国税收通用缴款书

（地）

20×5 年 12 月 10 日

缴款单位	代　码	2010606	预算科目	编码	
	全　称	祥龙电子有限公司		名称	个人所得税
	开户银行	中国建设银行武昌支行		级次	中央 60%，地方 40%
	账　号	21020200020123123	收款国库		武汉市分库
税款所属时期：20×5 年 11 月 1 日至 20×5 年 11 月 30 日			税款限缴日期：20×5 年 12 月 15 日		

品目名称	课税数量	计税金额或销售收入	税率或单位税额	已缴或扣除额	实缴金额
个人所得税			17%		¥ 2 800.00
金额合计（大写）	人民币贰仟捌佰元整		（小写）¥ 2 800.00		
缴款单位（人）（盖章） 经办人（章）	税务机关（盖章） 填票人（章）	上列款项已收妥并划转收款单位账户。 国库（银行）盖章 20×5 年 12 月 10 日			备注

第一联国库（银行）收款盖章后退缴款人作完税凭证

逾期不缴按税法规定加收滞纳金

中华人民共和国税收通用缴款书

（地）

20×5 年 12 月 10 日

缴款单位	代　码	2010606	预算科目	编码	
	全　称	祥龙电子有限公司		名称	营业税
	开户银行	中国建设银行武昌支行		级次	
	账　号	210202000202123123	收款国库		
税款所属时期：20×5 年 11 月 1 日至 20×5 年 11 月 30 日			税款限缴日期：20×5 年 12 月 15 日		

品目名称	课税数量	计税金额或销售收入	税率或单位税额	已缴或扣除额	实缴金额
营业税		400 000.00	5%		¥ 20 000.00
金额合计（大写）	人民币贰万元整		（小写）¥ 20 000.00		
缴款单位（人）（盖章） 经办人（章）	税务机关（盖章） 填票人（章）	上列款项已收妥并划转收款单位账户。 国库（银行）盖章 20×5 年 12 月 10 日			备注

第一联国库（银行）收款盖章后退缴款人作完税凭证

逾期不缴按税法规定加收滞纳金

中华人民共和国税收通用缴款书

（地）

20×5年12月10日

缴款单位	代　　码	2010606	预算科目	编码	
	全　　称	祥龙电子有限公司		名称	
	开户银行	中国建设银行武昌支行		级次	
	账　　号	210202000202123123	收款国库		
税款所属时期：20×5年11月1日至20×5年11月30日			税款限缴日期：20×5年12月15日		

品目名称	课税数量	计税金额或销售收入	税率或单位税额	已缴或扣除额	实缴金额
城建税		100 000.00	7%		￥7 000.00
金额合计（大写）人民币柒仟元整			（小写）￥7 000.00		

缴款单位（人）（盖章） 经办人（章）	税务机关（盖章） 填票人（章）	上列款项已收妥并划转收款单位账户。 国库（银行）盖章　20×5年12月10日	备注

第一联国库（银行）收款盖章后退缴款人作完税凭证

逾期不缴按税法规定加收滞纳金

中华人民共和国税收通用缴款书

（地）

20×5年12月10日

缴款单位	代　　码	2010606	预算科目	编码	
	全　　称	祥龙电子有限公司		名称	
	开户银行	中国建设银行武昌支行		级次	
	账　　号	210202000202123123	收款国库		
税款所属时期：20×5年11月1日至20×5年11月30日			税款限缴日期：20×5年12月15日		

品目名称	课税数量	计税金额或销售收入	税率或单位税额	已缴或扣除额	实缴金额
教育费附加		100 000.00	3%		￥3 000.00
金额合计（大写）人民币叁仟元整			（小写）￥3 000.00		

缴款单位（人）（盖章） 经办人（章）	税务机关（盖章） 填票人（章）	上列款项已收妥并划转收款单位账户。 国库（银行）盖章　20×5年12月10日	备注

第一联国库（银行）收款盖章后退缴款人作完税凭证

逾期不缴按税法规定加收滞纳金

中华人民共和国税收通用缴款书

（地）

20×5 年 12 月 10 日

缴款单位	代　码	2010606	预算科目	编码	
	全　称	祥龙电子有限公司		名称	
	开户银行	中国建设银行武昌支行		级次	
	账　号	210202000202123123	收款国库		
税款所属时期：20×5 年 11 月 1 日至 20×5 年 11 月 30 日			税款限缴日期：20×5 年 12 月 15 日		

品目名称	课税数量	计税金额或销售收入	税率或单位税额	已缴或扣除额	实缴金额
地方教育附加		100 000.00	2%		¥ 2 000.00
金额合计（大写）	人民币贰仟元整			（小写）	¥ 2 000.00
缴款单位（人）（盖章） 经办人（章）	税务机关（盖章） 填票人（章）	上列款项已收妥并划转收款单位账户。 国库（银行）盖章　20×5 年 12 月 10 日			备注

逾期不缴按税法规定加收滞纳金

第一联国库（银行）收款盖章后退缴款人作完税凭证

11.10 日，缴纳税收罚款 30 000 元。

中华人民共和国税收罚款收据

经济类型：有限责任　　填发日期：20×5 年 12 月 10 日　征收机关：××国税局

被罚人	代码		地址	
	名称	祥龙电子有限公司	补税凭证字号	
违章事实	漏税			
处罚依据				
处罚办法	罚款			
处罚金额	大写：叁万元整		¥ 30 000.00	
征收机关（盖章）	填表人（盖章）	备注		

12. 11日，销售乙产品30箱，开出的增值税专用发票注明价款合计267 000元，增值税45 390元。款项暂未收到。

湖北增值税专用发票

4200151160　　此联不作报销、扣税凭证使用　　№ 10000002

开票日期：20×5年12月11日

购货单位	名　　称：武汉电子批发公司 纳税人识别号：210202111115535 地 址、电 话：武汉市武昌区路瑜路3号 开户行及账号：汉口银行　210202100987654333					密码区	（略）
货物或应税劳务、服务名称	规格型号	单位	数量	单价	金额	税率	税额
乙商品		箱	30	8 900.00	267 000.00	17%	45 390.00
合　计					￥267 000.00		￥45 390.00
价税合计（大写）	⊗叁拾壹万贰仟叁佰玖拾元整				（小写）￥312 390.00		
销货单位	名　　称：祥龙电子有限公司 纳税人识别号：210020084321010 地 址、电 话：武汉市武昌区白沙洲大道888号　027-88166666 开户行及账号：中国建设银行武昌支行　210202000202123123					备注	祥龙电子有限公司 210020084321010 发票专用章

收款人：黄来财　　复核：　　开票人：刘大科　　销货单位（章）：

第一联：记账联　销货方记账凭证

13. 12日，向黄海物资供应公司开出转账支票1张，购买A材料100千克，单价520元；B材料200千克，单价810元。对方垫付运费及税金共计4 200元。材料已验收入库。

中国建设银行转账支票存根

支票号码 No00000004

科　　目：	
对方账户：	
签发日期：	20×5年12月12日
收 款 人：	黄海物资供应公司
金　　额：	￥254 580.00
用　　途：	购买材料
备　　注：	

单位主管：李永春　会计：高桂格

复核：刘景明　记账：高桂格

湖北增值税专用发票

抵 扣 联

全国统一发票监制章 湖北省 国家税务局监制

4200151160　　　　　　　　　　　　　　№ 10000012

开票日期：20×5年12月12日

购货单位	名　　称：祥龙电子有限公司 纳税人识别号：210020084321010 地 址、电 话：武汉市武昌区白沙洲大道888号　027-88166666 开户行及账号：中国建设银行武昌支行　210202000202123123					密码区	（略）
货物或应税劳务、服务名称	规格型号	单位	数量	单价	金额	税率	税额
A商品		千克	100	520.00	52 000.00	17%	8 840.00
B商品		千克	200	810.00	162 000.00	17%	27 540.00
合　计					¥214 000.00		¥36 380.00
价税合计（大写）	⊗贰拾伍万零叁佰捌拾元整					（小写）	¥250 380.00
销货单位	名　　称：黄海物资供应公司 纳税人识别号：21020212345678S 地 址、电 话：武汉市珞瑜路2号 开户行及账号：汉口银行　210202123456789001					备注	黄海物资供应公司 21020212345678S 发票专用章

收款人：黄来财　　复核：　　开票人：刘大科　　销货单位（章）：

第二联：抵扣联　购货方扣税凭证

湖北增值税专用发票

发 票 联

全国统一发票监制章 湖北省 国家税务局监制

4200151160　　　　　　　　　　　　　　№ 10000012

开票日期：20×5年12月12日

购货单位	名　　称：祥龙电子有限公司 纳税人识别号：210020084321010 地 址、电 话：武汉市武昌区白沙洲大道888号　027-88166666 开户行及账号：中国建设银行武昌支行　210202000202123123					密码区	（略）
货物或应税劳务、服务名称	规格型号	单位	数量	单价	金额	税率	税额
A商品		千克	100	520.00	52 000.00	17%	8 840.00
B商品		千克	200	810.00	162 000.00	17%	27 540.00
合　计					¥214 000.00		¥36 380.00
价税合计（大写）	⊗贰拾伍万零叁佰捌拾元整					（小写）	¥250 380.00
销货单位	名　　称：黄海物资供应公司 纳税人识别号：21020212345678S 地 址、电 话：武汉市珞瑜路2号 开户行及账号：汉口银行　210202123456789001					备注	黄海物资供应公司 21020212345678S 发票专用章

收款人：黄来财　　复核：　　开票人：刘大科　　销货单位（章）：

第三联：发票联　购货方记账凭证

货物运输业增值税专用发票

抵扣联

全国统一发票监制章 湖北省 国家税务局监制

发票代码 4200151230

开票日期：20×5年12月12日　　　　发票号码 10000012

承运人及纳税人识别号	武汉宏远运输公司 212543634012351	密码区	（略）				
实际受票方及纳税人识别号	祥龙电子有限公司 210020084321010						
收货人及纳税人识别号	祥龙电子有限公司 210020084321010	发货人及纳税人识别号	黄海物资供应公司 2102012345678S				
起运地、经由、到达地							
费用项目及金额	费用项目 金额 费用项目 金额 普货 ￥3 783.78			运输货物信息	略	备注	
合计金额	￥3 783.78	税率	11%	机器编号	499900757354		
价税合计（大写）	⊗肆仟贰佰元整			（小写）￥4 200.00			
车种车号	略	车船吨位	略	备注	武汉宏远运输公司 212543634012351 发票专用章 （略）		
主管税务机关及代码	武汉市武昌区地税局 221029600						

第二联：抵扣联 购货方抵扣凭证

货物运输业增值税专用发票

发票联

全国统一发票监制章 湖北省 国家税务局监制

发票代码 4200151230

开票日期：20×5年12月12日　　　　发票号码 10000012

承运人及纳税人识别号	武汉宏远运输公司 212543634012351	密码区	（略）				
实际受票方及纳税人识别号	祥龙电子有限公司 210020084321010						
收货人及纳税人识别号	祥龙电子有限公司 210020084321010	发货人及纳税人识别号	黄海物资供应公司 2102012345678S				
起运地、经由、到达地							
费用项目及金额	费用项目 金额 费用项目 金额 普货 ￥3 783.78			运输货物信息	略	备注	
合计金额	￥3 783.78	税率	11%	机器编号	499900757354		
价税合计（大写）	⊗肆仟贰佰元整			（小写）￥4 200.00			
车种车号	略	车船吨位	略	备注	武汉宏远运输公司 212543634012351 发票专用章 （略）		
主管税务机关及代码	武汉市武昌区地税局 221029600						

第三联：发票联 购货方记账凭证

入库单

供应单位：黄海物资供应公司　　　　　　　　　　　　　　入库单编号

材料类别：主要材料　　　　20×5年12月12日　　　　收料仓库：材料库

编号	名称	规格	单位	数量		实际成本				
				应收	实收	买价		运费	其他	合计
						单价	金额			
A001	A材料		千克	100	100	520	52 000	1 261.26		53 261.26
B001	B材料		千克	200	200	810	162 000	2 522.52		164 522.52
合计										￥217 783.78

14.15日，接银行通知，代付电费10 530元。

委托收款凭证（付款通知）

委托日期：20×5年12月12日　　　　　　　　　　　　付款日期：20×5年12月15日

付款人	全　　称	祥龙电子有限公司	收款人	全　　称	武汉供电公司
	账　　号	210202000202123123		账　　号	210202123456666666
	开户银行	中国建设银行武昌支行		开户银行	汉口银行

托收金额	人民币（大写）⊗壹万零伍佰叁拾元整	千	百	十	万	千	百	十	元	角	分
				￥	1	0	5	3	0	0	0

票据种类	转账
票据张数	1张

单位

主管：李永春　会计：钱一凡　复核：刘景明　记账：高桂格

中国建设银行
武昌支行
20×5年12月15日
转讫

收款人开户银行盖章

此联是收款人开户银行交给付款人的回单或付账通知

湖北增值税专用发票

4200151160　　　　抵　扣　联　　　　№ 10000026

开票日期：20×5年12月15日

购货单位	名　　称：祥龙电子有限公司 纳税人识别号：210020084321010 地 址、电 话：武汉市武昌区白沙洲大道888号　027-88166666 开户行及账号：中国建设银行武昌支行　210202000202123123					密码区	（略）
货物或应税劳务、服务名称	规格型号	单位	数量	单价	金额	税率	税额
电费		度	6 000	1.5	9 000.00	17%	1 530.00
合　计					￥9 000.00		￥1 530.00
价税合计（大写）	⊗壹万零伍佰叁拾元整					（小写）	￥10 530.00
销货单位	名　　称：武汉供电公司 纳税人识别号：210202123888888 地 址、电 话：武汉市中山路99号 开户行及账号：汉口银行　210202123456666666					备注	

收款人：黄来财　　复核：　　开票人：刘大科　　销货单位（章）：

第二联：抵扣联　购货方扣税凭证

湖北增值税专用发票

4200151160　　　　发　票　联　　　　№ 10000026

开票日期：20×5年12月15日

购货单位	名　　称：祥龙电子有限公司 纳税人识别号：210020084321010 地 址、电 话：武汉市武昌区白沙洲大道888号　027-88166666 开户行及账号：中国建设银行武昌支行　210202000202123123					密码区	（略）
货物或应税劳务、服务名称	规格型号	单位	数量	单价	金额	税率	税额
电费		度	6 000	1.5	9 000.00	17%	1 530.00
合　计					￥9 000.00		￥1 530.00
价税合计（大写）	⊗壹万零伍佰叁拾元整					（小写）	￥10 530.00
销货单位	名　　称：武汉供电公司 纳税人识别号：210202123888888 地 址、电 话：武汉市中山路99号 开户行及账号：汉口银行　210202123456666666					备注	

收款人：黄来财　　复核：　　开票人：刘大科　　销货单位（章）：

第三联：发票联　购货方记账凭证

电费分配表

20×5年12月15日　　　　金额单位：元

部门		分配率	分配额
生产部门	甲产品		
	乙产品		
管理部门			
职工食堂			
合　计			

制表：

15. 18日，转让一项土地使用权（原值100 000元，累计摊销40 000元），收取价款150 000元，已办理进账手续。

湖北省武汉市转让无形资产统一发票

发票联　（地）

收款单位：祥龙电子有限公司

税务登记号：210020084321010

付款单位（个人）：武汉新新科技有限公司

经营项目：	金额：￥150 000.00
转让土地使用权	
金额合计（人民币大写）⊗壹拾伍万元整	
机打票号：	税控装置号：
程控装置防伪码：	开票日期：20×5年12月18日

二、发票联

收款单位（盖章有效）　　　　税控装置打印发票手开无效

中国建设银行 进账单（回单或收账通知）

20×5年12月18日

付款人	全称	新新科技有限公司	收款人	全称	祥龙电子有限公司
	账号	8660002121221119999		账号	2102020002021123123
	开户银行	中国工商银行		开户银行	中国建设银行武昌支行

金额	人民币(大写)	⊗壹拾伍万元整	亿	千	百	十	万	千	百	十	元	角	分
					￥	1	5	0	0	0	0	0	0

票据种类	转账	中国建设银行武昌支行 20×5年12月18日 转讫
票据张数	1张	
单位 主管 李永春　会计 钱一凡　复核 刘景明 记账 高桂格		收款人开户银行盖章

此联是开户行交给收款人的回单

转让土地使用权应交营业税及附加税计算表

20×5年12月18日　　　　金额单位：元

品目名称	计税金额	适用税率	应纳税额	备注
营业税				
城市维护建设税				
教育费附加				
地方教育附加				
税额合计				

制表：

中华人民共和国
税收通用缴款书

隶属关系：　　　　（20×5）：No

注册类型：　　填发日期：20×5年12月18日　　征收机关：武汉市武昌区地方税务局

缴款单位（人）	代码	2010606	预算科目	编码	
	全称	祥龙电子有限公司		名称	营业税
	开户银行	中国建设银行武昌支行		级次	地方100%
	账号	21020200020202123123	收款国库		
税款所属时期 20×5年12月18日			税款限缴日期 20×5年12月18日		

品目名称	课税数量	计税金额或销售收入	税率或单位税额	已缴或扣除额	实缴金额
营业税		150 000.00	5%		￥7 500.00
城市维护建设税		7 500.00	7%		￥525.00
教育费附加		7 500.00	3%		￥225.00
地方教育附加		7 500.00	1%		￥75.00
金额合计	人民币（大写）⊗捌仟叁佰贰拾伍元整				（小写）￥8 325.00

缴款单位（人）（盖章）	税务机关（盖章）	上列款项已收妥并划转收款单位账户 国库（银行）盖章 20×5年12月18日	备注
经办人（章）	填票人（章）		

无银行收讫章无效

第一联（收据）国库（银行）收款盖章后退缴款单位（人）作完税凭证

逾期不缴按税法规定加收滞纳金

16. 20日，上月应发工资134 000元，代扣个人所得税145.8元、公积金10 720元、医疗保险2 680元、养老保险10 720元，实发工资109 734.2元。

工资计算表

金额单位：元

部门	工资总额	公积金	医疗保险	养老保险	个人所得税	实发工资
管理部门	23 000	1 840	460	1 840	145.8	18 894.2
销售部门	27 000	2 160	540	2 160	0	21 960
车间管理	12 000	960	240	960	0	9 840
生产工人	64 000	5 120	1 280	5 120	0	52 480
福利部门	8 000	640	160	640	0	6 560
合计	134 000	10 720	2 680	10 720	145.8	109 734.2

会计主管：李永春　　制单：严尧秋　　复核：刘景明

代缴个人所得税计算表

金额单位：元

项目	工资数	人数	公积金	医疗保险	养老保险	应纳税所得额	适用税率	速算扣除数	应纳税额
工资薪金	23 000	4	1 840	460	1 840	4 860	3%	0	145.8
工资薪金	30 000	10	2 400	600	2 400	0	—	—	0
工资薪金	22 000	10	1 760	440	1 760	0	—	—	0
工资薪金	59 000	36	4 720	1 180	4 720	0	—	—	0
合计	134 000	60	10 720	2 680	10 720	4 860	—	—	145.8

会计主管：李永春　　制单：严尧秋　　复核：刘景明

中国建设银行转账支票存根

支票号码 No00000005

科　　目：	
对方账户：	
签发日期：	20×5年12月20日
收 款 人：	
金　　额：	¥109 734.20
用　　途：	工资
备　　注：	

单位主管：李永春　　会计：高桂格

复核：刘景明　　记账：高桂格

17. 21日，没收逾期未收回包装物押金2 000元，予以转账。

同意将一年前收到的包装物押金2 000元，作为其他业务收入转账。	
总经理：	会计主管：李永春
20×5年12月21日	20×5年12月21日

18. 22日，签发转账支票2张，支付上月应负担通信费用6 200元，其中管理部门耗用2 000元，销售部门耗用2 800元，车间耗用1 400元。

中国网通（集团）有限公司湖北省分公司电信业务专用发票

发　票　联

发票号码 221020645222

20×5年12月22日　　发票号 00383333

用户名称	祥龙电子有限公司	电话号码		局编账号	
合计金额	人民币（大写）⊗肆仟叁佰贰拾柒元整			人民币（小写）￥4 327.00	
项目	基本月租费：（略） 本地通话费： 增值业务费： 国内长途话费： 因特网接入费：				

通话费周期：20×5年11月1日至20×5年11月30日　付款方式：转账　收款员：（手写无效）

中国移动通信集团湖北有限公司收费专用发票

发　票　联

发票号码 221020645222

20×5年12月22日　　发票号 00389999

话费结算月份	20×5年11月话费	业务流水	
客户名称	祥龙电子有限公司	移动电话号码或台数	14
缴费项目	新功能费（略）： 本地通话费： 长话费： 数据通信费：		
合计金额	人民币（大写）⊗壹仟捌佰柒拾叁元整　￥1 873.00		

收款单位（盖章有效）：　　收款人：

中国建设银行转账支票存根

支票号码 No00000006

科　　目：	
对方账户：	
签发日期：	20×5年12月22日
收 款 人：	
金　　额：	￥4 327.00
用　　途：	网通公司话费
备　　注：	

单位主管：李永春　　会计：

复核：　　记账：

中国建设银行转账支票存根

支票号码 No00000007

科　　目：	
对方账户：	
签发日期：	20×5年12月22日
收 款 人：	
金　　额：	￥1 873.00
用　　途：	移动公司话费
备　　注：	

单位主管：李永春　　会计：

复核：　　记账：

19. 23日，从国外进口小汽车1辆，进口申报价格为FOB24 515.91美元，款项尚未支付。海关填发税款缴款书日，美元对人民币外汇牌价中间价为1∶6.20，运抵我国海关前发生的运输费用、保险费用无法确定，经海关查实其他运输公司相同业务的运输费用占货价的比例为2%,保险费率为3‰,小汽车关税税率为20%，消费税税率为8%。

海关进口关税专用缴款书

收入系统：海关系统　　　　填发日期 20×5 年 12 月 23 日

收款单位	收入机关	中央金库		缴款单位	名　称	祥龙电子有限公司
	科　目		预算级次		账　号	210202000202123123
	收款国库				开户银行	中国建设银行武昌支行
税号	货物名称	数量	单位	完税价格	税率	税款金额
	小汽车	1	辆	￥155 505.12	20%	￥31 101.02
人民币（大写）⊗叁万壹仟壹佰零壹元零贰分					合计	￥31 101.02
申请单位编号		报关单编号				
合同（批文）号		运输工具（号）				
交款日期	20×5 年 12 月 25 日前	提/装货单号			填制单位 制单人 复核人 单证专用章	收款国库（银行） 业务公章
备注	一般征税 USD1=CNY6.20 国际代码					

从填发缴款书之日起 15 日内缴纳（期末遇法定节假日顺延），逾期按日征收税款总额 0.5‰的滞纳金。

海关代征增值税、消费税专用缴款书

收入系统：海关系统　　　　填发日期 20×5 年 12 月 23 日

收款单位	收入机关	中央金库		缴款单位	名　称	祥龙电子有限公司
	科　目		预算级次		账　号	210202000202123123
	收款国库				开户银行	中国建设银行武昌支行
税号	货物名称	数量	单位	完税价格	税率	税款金额
	小汽车	1	辆	￥202 832.76	8%	￥16 226.62
					17%	￥34 481.57
人民币（大写）⊗伍万零柒佰零捌元壹角玖分					合计	￥50 708.19
申请单位编号		报关单编号				
合同（批文）号		运输工具（号）				
交款日期	20×5 年 12 月 25 日前	提/装货单号			填制单位 制单人 复核人 单证专用章	收款国库（银行） 业务公章
备注	一般征税 USD1=CNY6.2 国际代码					

从填发缴款书之日起限 15 日内缴纳（期末遇法定节假日顺延），逾期按日征收税款总额 0.5‰的滞纳金。

20. 24日，销售甲商品30件，已开具的增值税专用发票注明单价45 000元，价款1 350 000元，增值税229 500元。已办妥货款入账手续。

湖北增值税专用发票

4200151160　　　此联不作报销、扣税凭证使用　　　№ 10000003

开票日期：20×5年12月24日

购货单位	名称：大连机电供应公司 纳税人识别号：210202111111111 地址、电话：大连市甘井子区新新路3号 开户行及账号：大连银行　210202100987654321					密码区	（略）
货物或应税劳务、服务名称	规格型号	单位	数量	单价	金额	税率	税额
甲商品		件	20	45 000.00	900 000.00	17%	153 000.00
合　计					￥9000 00.00		￥153 000.00
价税合计（大写）	⊗壹佰零伍万叁仟元整					（小写）	￥1 053 000.00
销货单位	名称：祥龙电子有限公司 纳税人识别号：210020084321010 地址、电话：武汉市武昌区白沙洲大道888号　027-88166666 开户行及账号：中国建设银行武昌支行　210202000202123123					备注	祥龙电子有限公司 210020084321010 发票专用章

收款人：黄来财　　复核：　　开票人：刘大科　　销货单位（章）：

第一联：记账联 销货方记账凭证

湖北增值税专用发票

4200151160　　　此联不作报销、扣税凭证使用　　　№ 10000004

开票日期：20×5年12月24日

购货单位	名称：大连机电供应公司 纳税人识别号：210202111111111 地址、电话：大连市甘井子区新新路3号 开户行及账号：大连银行　210202100987654321					密码区	（略）
货物或应税劳务、服务名称	规格型号	单位	数量	单价	金额	税率	税额
甲商品		件	10	45 000.00	450 000.00	17%	76 500.00
合　计					￥450 000.00		￥76 500.00
价税合计（大写）	⊗伍拾贰万陆仟伍佰元整					（小写）	￥526 500.00
销货单位	名称：祥龙电子有限公司 纳税人识别号：210020084321010 地址、电话：武汉市武昌区白沙洲大道888号　027-88166666 开户行及账号：中国建设银行武昌支行　210202000202123123					备注	祥龙电子有限公司 210020084321010 发票专用章

收款人：黄来财　　复核：　　开票人：刘大科　　销货单位（章）：

第一联：记账联 销货方记账凭证

中国建设银行 进账单（回单或收款通知）

20×5年12月24日

付款人	全称	大连机电供应公司	收款人	全称	祥龙电子有限公司
	账号	210202100987654321		账号	210202000202123123
	开户银行	大连银行		开户银行	中国建设银行武昌支行

人民币	亿	千	百	十	万	千	百	十	元	角	分
⊗壹佰伍拾柒万玖仟伍佰元整		¥	1	5	7	9	5	0	0	0	0

票据种类	转账	中国建设银行武昌支行 20×5年12月24日 转讫
票据张数	1张	
单位 主管 李永春 会计 高桂格 复核 刘景明 记账 高桂格		收款人开户银行盖章

此联是开户银行交给收款人的回单或收账通知

21. 25日，销售乙产品10箱，专业发票注明单价9 000元，价款90 000元，增值税15 300元。对方签发一张3个月的银行承兑汇票抵付货款。

湖北增值税专用发票

全国统一发票监制章 湖北省国家税务局监制

4200151160　　此联不作报销、扣税凭证使用　　№ 10000005

开票日期：20×5年12月25日

购货单位	名称：武汉电子批发公司 纳税人识别号：210202111115535 地址、电话：武汉市武昌区中山路3号 开户行及账号：汉口银行 210202100987654333					密码区	（略）
货物或应税劳务、服务名称	规格型号	单位	数量	单价	金额	税率	税额
乙商品		箱	10	9 000.00	90 000.00	17%	15 300.00
合计					¥90 000.00		¥15 300.00
价税合计（大写）	⊗壹拾万伍仟叁佰元整					（小写）	¥105 300.00
销货单位	名称：祥龙电子有限公司 纳税人识别号：210020084321010 地址、电话：武汉市武昌区白沙洲大道888号 027-88166666 开户行及账号：中国建设银行武昌支行 210202000202123123					备注	

收款人：黄来财　　复核：　　开票人：刘大科　　销货单位（章）：

祥龙电子有限公司 210020084321010 发票专用章

第一联：记账联 购货方记账凭证

银行承兑汇票

签发日期（大写）贰零某伍年壹拾贰月贰拾伍日

付款人	全　　称	祥龙电子有限公司	收款人	全　　称	武汉电子批发公司	
	账　　号	210202000202123123		账　　号	210202100987654333	
	开户银行	中国建设银行武昌支行　行号		开户银行	汉口银行	行号
汇票金额	人民币（大写）　⊗壹拾万伍仟叁佰元整				千 百 十 万 千 百 十 元 角 分	¥ 1 0 5 3 0 0 0 0
汇票到期日			本汇票已经承兑，到期日由本行支付。 承兑行签章： 承兑日期：		承兑协议编号	
本汇票付款行承兑，到期无条件付款。 药童丽印 出票人签章： 20×5年12月25日					账户（借） 对方账户（贷） 转账　年　月　日 稽核　记账	

祥龙电子有限公司 财务专用章

此联是开户银行交给收款人的回单或收账通知

22. 26日，业务员报销本月差旅费3 320元，预借3 000元。

差旅费报销单

20×5年12月26日

月	日	时间	出发地	月	日	到达地	机票费	车船费	卧铺费	夜行车补助 小时	夜行车补助 金额	宿费 标准	宿费 实支	提成扣减	出差补助 天数	出差补助 金额	其他	合计
12	10	8:10	武昌	12	10	上海	900						1 000		10	500		2 400
12	20	19:10	上海	12	20	武昌	920											920
合计							1 820						1 000			500		3 320

出差任务	开拓市场	报销金额（大写）人民币　⊗叁仟叁佰贰拾元整			预借金额	3 000
		单位领导	部门负责人	出差人	报销金额	¥320.00
					结余或超支	

现金收讫

附单据　张

会计主管人员 李永春　　记账 高桂格　　审核 刘景明

23.27日，收到每年年末分期付息、到期还本的国债利息20 000元存入银行。

中国建设银行　进账单（回单或收账通知）

20×5年12月27日

付款人	全　　称	中国建设银行武昌支行	收款人	全　　称	祥龙电子有限公司
	账　　号	8660002121222225555		账　　号	210202000202123123
	开户银行	中国建设银行武昌支行		开户银行	中国建设银行武昌支行
人民币	⊗贰万元整		千 百 十 万 千 百 十 元 角 分		¥ 2 0 0 0 0 0 0
票据种类	转账				
票据张数	1张				
单位 主管 李永春　会计 高桂格　复核 刘景明 记账 高桂格			中国建设银行武昌支行 20×5年12月27日 转讫 收款人开户银行盖章		

此联是开户行交给收款人的回单或收账通知

24.28日，从子公司分回现金股利90 000元，款项已存入银行。

中国建设银行 **进账单**（回单或收款通知）

20×5年12月28日

付款人	全称	格致工贸公司	收款人	全称	祥龙电子有限公司
	账号	866000212123336666		账号	210202000202123123
	开户银行	中国工商银行武昌支行		开户银行	中国建设银行武昌支行
人民币（大写）		⊗玖万元整	千 百 十 万 千 百 十 元 角 分		¥ 9 0 0 0 0 0 0
票据种类		转支			
票据张数		1张			
单位主管 李永春 会计 高桂格 复核 刘景明 记账 高桂格			中国建设银行武昌支行 20×5年12月28日 转讫		收款人开户银行盖章

此联是开户行交给收款人的回单或收账通知

25. 28日，现金支付业务招待费700元。

湖北省武汉市地方税务局通用定额发票

发票联

发票代码210211020200

发票号码02226912

密码区

付款单位（人）：

壹佰圆

武汉市武昌区爱上厨房餐厅 421125198202256701 发票专用章

¥：100.00

开票日期 20×5年12月28日

收款单位（盖章有效）

湖北省武汉市地方税务局通用定额发票

发票联

发票代码210211020200

发票号码02226913

密码区

付款单位（人）：

壹佰圆

武汉市武昌区爱上厨房餐厅 421125198202256701 发票专用章

¥：100.00

开票日期 20×5年12月28日

收款单位（盖章有效）

湖北省武汉市地方税务局通用定额发票

全国统一发票监制章 湖北省武汉市 地方税务局监制

发 票 联

发票代码 210211020200

发票号码 02226914

密码区

付款单位（人）：

壹佰圆

武汉市武昌区爱上厨房餐厅 421125198202256701 发票专用章

¥：100.00

开票日期 20×5年12月28日　　收款单位（盖章有效）

湖北省武汉市地方税务局通用定额发票

全国统一发票监制章 湖北省武汉市 地方税务局监制

发 票 联

发票代码 210211020200

发票号码 02226915

密码区

付款单位（人）：

壹佰圆

武汉市武昌区爱上厨房餐厅 421125198202256701 发票专用章

¥：100.00

开票日期 20×5年12月28日　　收款单位（盖章有效）

湖北省武汉市地方税务局通用定额发票

全国统一发票监制章 湖北省武汉市 地方税务局监制

发 票 联

发票代码 210211020200

发票号码 02226916

密码区

付款单位（人）：

壹佰圆

武汉市武昌区爱上厨房餐厅 421125198202256701 发票专用章

¥：100.00

开票日期 20×5年12月28日　　收款单位（盖章有效）

湖北省武汉市地方税务局通用定额发票

发 票 联

发票代码 210211020200
发票号码 02226917
密码区
付款单位（人）：

壹佰圆

¥：100.00

开票日期 20×5 年 12 月 28 日　　　　收款单位（盖章有效）

湖北省武汉市地方税务局通用定额发票

发 票 联

发票代码 210211020200
发票号码 02226918
密码区
付款单位（人）：

壹佰圆

¥：100.00

开票日期 20×5 年 12 月 28 日　　　　收款单位（盖章有效）

26. 29 日，将面值 105 300 元 3 个月期商业汇票办理贴现，贴现率为 6%。

贴现凭证（收账通知）

申请日期 20×5 年 12 月 29 日　　　　No.24587

<table>
<tr><td rowspan="3">持票人</td><td>名　称</td><td colspan="2">祥龙电子有限公司</td><td rowspan="3">贴现汇票</td><td>种　类</td><td colspan="5">商业承兑汇票</td><td colspan="2">号码</td><td colspan="3"></td></tr>
<tr><td>账　号</td><td colspan="2">210202000202123123</td><td>发票日</td><td colspan="10">20×5 年 12 月 25 日</td></tr>
<tr><td>开户银行</td><td colspan="2">中国建设银行武昌支行</td><td>到期日</td><td colspan="10">20×6 年 3 月 24 日</td></tr>
<tr><td colspan="2">汇票承兑人（或银行）</td><td>名称</td><td></td><td>账号</td><td></td><td colspan="3">开户银行</td><td colspan="7"></td></tr>
<tr><td colspan="2" rowspan="2">汇票金额（即贴现金额）</td><td colspan="4" rowspan="2">人民币(大写) ⊗壹拾万伍仟叁佰元整</td><td>千</td><td>百</td><td>十</td><td>万</td><td>千</td><td>百</td><td>十</td><td>元</td><td>角</td><td>分</td></tr>
<tr><td></td><td>¥</td><td>1</td><td>0</td><td>5</td><td>3</td><td>0</td><td>0</td><td>0</td><td>0</td></tr>
<tr><td colspan="2" rowspan="2">贴现率 每月</td><td rowspan="2">6%</td><td rowspan="2">贴现利息</td><td rowspan="2">1 509.30</td><td rowspan="2">实付贴现金额</td><td>千</td><td>百</td><td>十</td><td>万</td><td>千</td><td>百</td><td>十</td><td>元</td><td>角</td><td>分</td></tr>
<tr><td></td><td>¥</td><td>1</td><td>0</td><td>3</td><td>7</td><td>9</td><td>0</td><td>7</td><td>0</td></tr>
<tr><td colspan="5">上述款项已入你单位账户。
此致
敬礼
银行盖章
20×5 年 12 月 29 日</td><td colspan="11">备注</td></tr>
</table>

27. 31 日，期末 A 材料盘亏了 2 千克，保管员负担 300 元，已收现金，其余转入营业外支出。

存货溢缺报告单

20×5年12月31日　　金额单位：元

商品名称	单位	账存数	实存数	短缺		溢余		原因	进项税额转出
				数量	单价	数量	单价		
A材料	Kg	80	78	2	500			保管不善	170
合计									￥1 170

会计主管：李永春　　制单：刘景明　　复核：高桂格

材料盘亏（盈）处理通知单

20×5年12月31日

经审查确认，20×5年12月31日盘亏2千克A材料属于非正常损失，盘亏处理如下：
保管员负责赔偿300元，其余转作营业外支出处理。

总经理　　会计主管　　会计
20×5年12月31日　　20×5年12月31日　　20×5年12月31日

会计主管：李永春　　制单：刘景明　　复核：高桂格

28.31日，提取分期付息、到期一次还本的长期借款利息。

金融机构借款利息计算表

20×5年12月31日　　金额单位：元

借款证号	借款类型	计息起止期	本期计息期	借款金额	利率	本期应计利息	已提利息	合计
005	短期	20×5年10月1日至20×5年12月31日	20×5年12月1日至20×5年12月31日	300 000	5%	1 250	2 500	3 750
013	长期	20×5年1月1日至20×5年12月31日	20×5年12月1日至20×5年12月31日	1 000 000	9%	7 500	82 500	90 000

会计主管：李永春　　制单：刘景明　　复核：高桂格

非金融机构借款利息计算表

20×5年12月31日　　金额单位：元

借款证号	借款类型	计息起止期	本期计息期	借款金额	利率	本期应计利息	已提利息	合计
014	长期	20×5年1月1日至20×7年12月31日	20×5年12月1日至20×5年12月31日	1 000 000	12%	10 000	110 000	120 000
006	短期	20×5年12月1日至20×5年12月31日	20×5年10月1日至20×5年12月31日	100 000	6%	500	0	500

会计主管：李永春　　制单：刘景明　　复核：高桂格

29. 31日，计提本月固定资产折旧（企业1—11月未增减固定资产）。

固定资产折旧计算表

20×5年12月31日　　　　金额单位：元

固定资产名称	固定资产原值	残值（5%）	使用年限（年）	本期折旧期间	本期应计提折旧金额
厂房	90 000 000	4 500 000	50	20×5年12月1日至20×5年12月31日	
食堂	2 000 000	100 000	50	20×5年12月1日至20×5年12月31日	
仓库	3 000 000	150 000	50	20×5年12月1日至20×5年12月31日	
轿车	220 000	11 000	5	20×5年12月1日至20×5年12月31日	
大型客车（4辆）	800 000	40 000	5	20×5年12月1日至20×5年12月31日	
中型客车（1辆）	100 000	5 000	5	20×5年12月1日至20×5年12月31日	
载货汽车（3辆）	420 000	21 000	5	20×5年12月1日至20×5年12月31日	

会计主管：李永春　　　　制单：刘景明　　　　复核：高桂格

30. 31日，分配本月工资费用134 000元，其中，管理部门23 000元，销售部门27 000元，车间管理人员12 000元，生产工人64 000元，福利部门8 000元。

工资计算表

20×5年12月31日　　　　单位：元

部门	工资总额	公积金	医疗保险	养老保险	个人所得税	实发工资
管理部门	23 000	1 840	460	1 840	145.8	18 894.2
销售部门	27 000	2 160	540	2 160	0	21 960
车间管理	12 000	960	240	960	0	9 840
生产工人	64 000	5 120	1 280	5 120	0	52 480
福利部门	8 000	640	160	640	0	6 560
合计	134 000	10 720	2 680	10 720	145.8	109 734.2

会计主管：李永春　　　　制单：刘景明　　　　复核：高桂格

代缴个人所得税计算表

20×5年12月31日　　　　金额单位：元

项目	工资数	人数	公积金	医疗保险	养老保险	应纳税所得额	适用税率	速算扣除数	应纳税额
工资薪金	23 000	4	1 840	460	1 840	4 860	3%	0	145.8
工资薪金	30 000	10	2 400	600	2 400	0	—	—	0
工资薪金	22 000	10	1 760	440	1 760	0	—	—	0
工资薪金	59 000	36	4 720	1 180	4 720	0	—	—	0
合计	134 000	60	10 720	2 680	10 720	4 860	—	—	145.8

会计主管：李永春　　　制单：刘景明　　　复核：高桂格

31.31日，按工资总额的2%计提工会经费，2.5%计提职工教育经费。

经费计算表

20×5年12月31日　　　　单位：元

部门	工资总额	工会经费	职工教育经费	合计
管理部门	23 000			
销售部门	27 000			
车间管理	12 000			
生产工人	64 000			
福利部门	8 000			
合计	134 000			

会计主管：李永春　　　制单：刘景明　　　复核：高桂格

32. 31日，结转本月制造费用。

制造费用分配表

20×5年12月31日　　　　单位：元

产品	分配率	费用分配额
甲产品		
乙产品		
合计		

会计主管：李永春　　　制单：刘景明　　　复核：高桂格

33. 31日，企业捐赠自产乙产品10箱给无关联方的利达公司。

乙产品出库单

20×5年12月31日　　金额单位：元

产品编号	产品名称规格	单位	数量	单位成本	总成本	备注
	乙产品	箱	10	6 000	60 000	31日，无偿捐赠利达公司

会计主管：李永春　　制单：刘景明　　复核：高桂格

乙产品接收单

20×5年12月31日　　金额单位：元

产品编号	产品名称规格	单位	数量	单位公允价值	总价值	备注
	乙产品	箱	10	9 000	90 000	31日，接受祥龙电子有限公司无偿捐赠

会计主管：李　亮　　制单：宋　青　　复核：张　兰

34. 31日，结转本月销售成本1 718 500元，其中甲产品销售成本1 480 000元，乙产品销售成本238 500元。

汇总产品出库单

20×5年12月31日　　金额单位：元

产品编号	产品名称规格	单位	数量	单位成本	总成本	备注
	甲产品	件	20	29 000	580 000	9日，大连机电供应公司，款已收
	甲产品	件	30	30 000	900 000	24日，大连机电供应公司，款已收
	乙产品	箱	30	5 950	178 500	11日，武汉电子批发公司，款未收
	乙产品	箱	10	6 000	60 000	25日，武汉电子批发公司，3个月期银行承兑汇票；31日，捐赠利达公司

会计主管：李永春　　制单：刘景明　　复核：高桂格

35. 31日，对应收账款和其他应收款按0.5‰计提坏账准备。

坏账准备计提表

20×5年12月31日　　金额单位：元

应收账户期末余额	计提比例（0.5‰）	应提准备数①	账面已提数（贷方为负）②	应补提（或冲减）数③=①+②
应收账款				
其他应收款				
合计				

会计主管：李永春　　制单：刘景明　　复核：高桂格

36. 31日，计算本期应交增值税、结转未交增值税。

37. 31日，计算本期应缴纳的城市维护建设税、教育费附加和地方教育附加。

应交城市维护建设税计算表

20×5年12月31日　　　　金额单位：元

计税基数				税率	应交城市维护建设税
增值税	营业税	消费税	合计	7%	

会计主管：李永春　　　制单：刘景明　　　复核：高桂格

应交教育费附加计算表

20×5年12月31日　　　　金额单位：元

计税基数				税率	应交教育费附加
增值税	营业税	消费税	合计	3%	

会计主管：李永春　　　制单：刘景明　　　复核：高桂格

应交地方教育附加计算表

2011年12月31日　　　　金额单位：元

计税基数				税率	应交地方教育附加
增值税	营业税	消费税	合计	1%	

会计主管：李永春　　　制单：刘景明　　　复核：高桂格

38. 31日，计提本月房产税、城镇土地使用税和车船税。

房产税计算表

20×5年12月31日　　　　金额单位：元

房产原值	减除比例	租金收入	适用税率	全年应提税额	本月应提税额	备注
						9—11月已计提199 500元
合计						

会计主管：李永春　　　制单：刘景明　　　复核：高桂格

城镇土地使用税计算表

20×5年12月31日　　　　金额单位：元

面积（平方米）	土地等级	适用税率	全年应提税额	本月应提税额	备注
					10—11月已计提6 000元
合计					

会计主管：李永春　　　　制单：刘景明　　　　复核：高桂格

车船税计算表

20×5年12月31日　　　　金额单位：元

车船类型	数量（辆或吨）	适用税率	全年应提税额	本月应提税额	备注
					1—11月已计提6 215元
合计					

会计主管：李永春　　　　制单：刘景明　　　　复核：高桂格

39. 31日，分摊职工福利费支出。

福利费分摊计算表

20×5年12月31日　　　　金额单位：元

部门		福利费总额	分摊比例	分摊额
管理部门				
销售部门				
生产部门	甲产品			
	乙产品			
合计				

会计主管：李永春　　　　制单：刘景明　　　　复核：高桂格

40. 31日，结转损益类账户。

收入、费用结转及本年利润计算表

2×15年12月31日　　　　单位：元

收入类账户		结转前贷方余额	费用类账户		结转前借方余额
主营业务收入	A产品		主营业务收入	A产品	
	B产品			B产品	
营业外收入			营业税金及附加		
			销售费用		
			财务费用		
			管理费用		
			资产减值损失		
			营业外支出		
合计			合计		
利润总额					

会计主管：李永春　　　制单：刘景明　　　复核：高桂格

41. 31日，计算所得税费用。

预计应交所得税及所得税费用计算表

2×15年12月31日　　　　金额单位：元

收入总额	费用总额	利润总额	所得税税率	预计应交所得税
			25%	

会计主管：李永春　　　制单：刘景明　　　复核：高桂格

42. 31日，结转所得税费用。

43. 31日，结转净利润。

可供分配利润的计算及利润分配表

2×15年12月31日　　　　单位：元

项目	金额	项目	金额
1—11月预计净利润		加：年初未分配利润	
本月利润总额		可供分配的净利润	
本月预计应交所得税		应付利润(董事会决议批准分配)	
加：本月税后利润（净利润）			
本年净利润			
本年应提取盈余公积（10%）			
扣除盈余公积后的本年净利润		本年年末累计未分配利润	

会计主管：李永春　　　制单：刘景明　　　复核：高桂格

第三部分
纳税申报实务实训具体操作

根据第二部分资料，完成相关账务处理和财务报表填制，并进行增值税、营业税、城市维护建设税、教育费附加、地方教育附加和企业所得税、房产税、城镇土地使用税、个人所得税等的纳税申报。

>>3.1 填制记账凭证

通 用 记 账 凭 证

年　月　日　　　　　　　　　　　　　　字第　号

摘要	会计科目	金额(元)		金额(元)	
		总账科目	明细科目	总账科目	明细科目
合计					

会计主管　　　　记账　　　　审核　　　　制单　　　　出纳

注：建议学生实训时，购买市场上的通用记账凭证一本（100张）及会计凭证封面一张。

3.2　登记库存现金日记账和银行存款日记账

库存现金日记账

年		凭证		摘要	对方科目	借方											贷方											借或贷	余额										
月	日	字	号			亿	千	百	十	万	千	百	十	元	角	分	亿	千	百	十	万	千	百	十	元	角	分		亿	千	百	十	万	千	百	十	元	角	分

库存现金日记账

年		凭证		摘要	对方科目	借方											贷方											借或贷	余额										
月	日	字	号			亿	千	百	十	万	千	百	十	元	角	分	亿	千	百	十	万	千	百	十	元	角	分		亿	千	百	十	万	千	百	十	元	角	分

库存现金日记账

年		凭证		摘要	对方科目	借方											贷方											借或贷	余额											
月	日	字	号			亿	千	百	十	万	千	百	十	元	角	分	亿	千	百	十	万	千	百	十	元	角	分		亿	千	百	十	万	千	百	十	元	角	分	

库存现金日记账

年		凭证		摘要	对方科目	借方									贷方									借或贷	余额								
月	日	字	号			亿	千	百	十	万	千	百	十	元	角	分	亿	千	百	十	万	千	百	十	元	角	分		亿	千	百	十	万	千	百	十	元	角	分

银行存款日记账

年		凭证		摘要	对方科目	借方											贷方											借或贷	余额										
月	日	字	号			十	亿	千	百	十	万	千	百	十	元	角	分	十	亿	千	百	十	万	千	百	十	元	角	分		十	亿	千	百	十	万	千	百	十	元	角	分

银行存款日记账

年		凭证		摘要	对方科目	借方												贷方												借或贷	余额											
月	日	字	号			十	亿	千	百	十	万	千	百	十	元	角	分	十	亿	千	百	十	万	千	百	十	元	角	分		十	亿	千	百	十	万	千	百	十	元	角	分

银行存款日记账

年		凭证		摘要	对方科目	借方												贷方												借或贷	余额											
月	日	字	号			十	亿	千	百	十	万	千	百	十	元	角	分	十	亿	千	百	十	万	千	百	十	元	角	分		十	亿	千	百	十	万	千	百	十	元	角	分

银行存款日记账

年		凭证		摘要	对方科目	借方												贷方												借或贷	余额												
月	日	字	号			十	亿	千	百	十	万	千	百	十	元	角	分	十	亿	千	百	十	万	千	百	十	元	角	分		十	亿	千	百	十	万	千	百	十	元	角	分	

3.3 登记各种明细分类账

应收账款 明细账

级科目编号及名称

年		凭证		摘要	对方科目	日页	借方金额											√	贷方金额											√	借或贷	余额											√
月	日	种类	号数				亿	千	百	十	万	千	百	十	元	角	分		亿	千	百	十	万	千	百	十	元	角	分			亿	千	百	十	万	千	百	十	元	角	分	

应收账款 明细账

级科目编号及名称

年		凭证		摘要	对方科目	日页	借方金额											√	贷方金额											√	借或贷	余额											√
月	日	种类	号数				亿	千	百	十	万	千	百	十	元	角	分		亿	千	百	十	万	千	百	十	元	角	分			亿	千	百	十	万	千	百	十	元	角	分	

应收账款　　明细账

级科目编号及名称

年		凭证		摘要	对方科目	日页	借方金额											√	贷方金额											√	借或贷	余额											√
月	日	种类	号数				亿	千	百	十	万	千	百	十	元	角	分		亿	千	百	十	万	千	百	十	元	角	分			亿	千	百	十	万	千	百	十	元	角	分	

应收账款　　明细账

级科目编号及名称

年		凭证		摘要	对方科目	日页	借方金额											√	贷方金额											√	借或贷	余额											√
月	日	种类	号数				亿	千	百	十	万	千	百	十	元	角	分		亿	千	百	十	万	千	百	十	元	角	分			亿	千	百	十	万	千	百	十	元	角	分	

应收账款　　明细账

级科目编号及名称

年		凭证		摘要	对方科目	日页	借方金额											√	贷方金额											√	借或贷	余额											√
月	日	种类	号数				亿	千	百	十	万	千	百	十	元	角	分		亿	千	百	十	万	千	百	十	元	角	分			亿	千	百	十	万	千	百	十	元	角	分	

应收账款　　明细账

级科目编号及名称

年		凭证		摘要	对方科目	日页	借方金额											√	贷方金额											√	借或贷	余额											√
月	日	种类	号数				亿	千	百	十	万	千	百	十	元	角	分		亿	千	百	十	万	千	百	十	元	角	分			亿	千	百	十	万	千	百	十	元	角	分	

应收账款　　明细账

____级科目编号及名称____________

年		凭证		摘要	对方科目	日页	借方金额											√	贷方金额											√	借或贷	余额											√
月	日	种类	号数				亿	千	百	十	万	千	百	十	元	角	分		亿	千	百	十	万	千	百	十	元	角	分			亿	千	百	十	万	千	百	十	元	角	分	

应收账款　　明细账

____级科目编号及名称____________

年		凭证		摘要	对方科目	日页	借方金额											√	贷方金额											√	借或贷	余额											√
月	日	种类	号数				亿	千	百	十	万	千	百	十	元	角	分		亿	千	百	十	万	千	百	十	元	角	分			亿	千	百	十	万	千	百	十	元	角	分	

应收账款　　明细账

级科目编号及名称

年		凭证		摘　要	对方科目	日页	借方金额											√	贷方金额											√	借或贷	余　额											√
月	日	种类	号数				亿	千	百	十	万	千	百	十	元	角	分		亿	千	百	十	万	千	百	十	元	角	分			亿	千	百	十	万	千	百	十	元	角	分	

应收账款　　明细账

级科目编号及名称

年		凭证		摘　要	对方科目	日页	借方金额											√	贷方金额											√	借或贷	余　额											√
月	日	种类	号数				亿	千	百	十	万	千	百	十	元	角	分		亿	千	百	十	万	千	百	十	元	角	分			亿	千	百	十	万	千	百	十	元	角	分	

应付账款　　明细账

　　级科目编号及名称

年		凭证		摘要	对方科目	日页	借方金额											√	贷方金额											√	借或贷	余额											√
月	日	种类	号数				亿	千	百	十	万	千	百	十	元	角	分		亿	千	百	十	万	千	百	十	元	角	分			亿	千	百	十	万	千	百	十	元	角	分	

应付账款　　明细账

　　级科目编号及名称

年		凭证		摘要	对方科目	日页	借方金额											√	贷方金额											√	借或贷	余额											√
月	日	种类	号数				亿	千	百	十	万	千	百	十	元	角	分		亿	千	百	十	万	千	百	十	元	角	分			亿	千	百	十	万	千	百	十	元	角	分	

应付账款　　明细账

______级科目编号及名称______

年		凭证		摘　要	对方科目	日页	借方金额											√	贷方金额											√	借或贷	余　额											√
月	日	种类	号数				亿	千	百	十	万	千	百	十	元	角	分		亿	千	百	十	万	千	百	十	元	角	分			亿	千	百	十	万	千	百	十	元	角	分	

应付账款　　明细账

______级科目编号及名称______

年		凭证		摘　要	对方科目	日页	借方金额											√	贷方金额											√	借或贷	余　额											√
月	日	种类	号数				亿	千	百	十	万	千	百	十	元	角	分		亿	千	百	十	万	千	百	十	元	角	分			亿	千	百	十	万	千	百	十	元	角	分	

应付账款　　明细账

级科目编号及名称

年		凭证		摘要	对方科目	日页	借方金额											√	贷方金额											√	借或贷	余额											√
月	日	种类	号数				亿	千	百	十	万	千	百	十	元	角	分		亿	千	百	十	万	千	百	十	元	角	分			亿	千	百	十	万	千	百	十	元	角	分	

应付账款　　明细账

级科目编号及名称

年		凭证		摘要	对方科目	日页	借方金额											√	贷方金额											√	借或贷	余额											√
月	日	种类	号数				亿	千	百	十	万	千	百	十	元	角	分		亿	千	百	十	万	千	百	十	元	角	分			亿	千	百	十	万	千	百	十	元	角	分	

应付账款　　明细账

级科目编号及名称

年		凭证		摘　要	对方科目	日页	借方金额											√	贷方金额											√	借或贷	余　额											√
月	日	种类	号数				亿	千	百	十	万	千	百	十	元	角	分		亿	千	百	十	万	千	百	十	元	角	分			亿	千	百	十	万	千	百	十	元	角	分	

应付账款　　明细账

级科目编号及名称

年		凭证		摘　要	对方科目	日页	借方金额											√	贷方金额											√	借或贷	余　额											√
月	日	种类	号数				亿	千	百	十	万	千	百	十	元	角	分		亿	千	百	十	万	千	百	十	元	角	分			亿	千	百	十	万	千	百	十	元	角	分	

应付账款　　明细账

____级科目编号及名称________________

年		凭证		摘要	对方科目	日页	借方金额											√	贷方金额											√	借或贷	余额											√
月	日	种类	号数				亿	千	百	十	万	千	百	十	元	角	分		亿	千	百	十	万	千	百	十	元	角	分			亿	千	百	十	万	千	百	十	元	角	分	

应付账款　　明细账

____级科目编号及名称________________

年		凭证		摘要	对方科目	日页	借方金额											√	贷方金额											√	借或贷	余额											√
月	日	种类	号数				亿	千	百	十	万	千	百	十	元	角	分		亿	千	百	十	万	千	百	十	元	角	分			亿	千	百	十	万	千	百	十	元	角	分	

应交税费——应交增值税 明细账

年		凭证字号	摘要	借方发生额				贷方发生额			借或贷	余额
月	日			进项税额	已交税金	转出未交增值税	合计	销项税额	转出多交增值税	合计		

应交税费——应交增值税　　明细账

年		凭证字号	摘要	借方发生额				贷方发生额			借或贷	余额
月	日			进项税额	已交税金	转出未交增值税	合计	销项税额	转出多交增值税	合计		

应交税费——应交增值税　　明细账

年		凭证字号	摘要	借方发生额				贷方发生额			借或贷	余额
月	日			进项税额	已交税金	转出未交增值税	合计	销项税额	转出多交增值税	合计		

应交税费——应交增值税　　明细账

年		凭证字号	摘要	借方发生额				贷方发生额			借或贷	余额
月	日			进项税额	已交税金	转出未交增值税	合计	销项税额	转出多交增值税	合计		

>> 3.4　编制试算平衡表、科目汇总表

总分类账户本期发生额及期末余额试算平衡表

年　月　日至　日

账户名称	期初余额		本期发生额		期末余额	
	借方	贷方	借方	贷方	借方	贷方
合计						

总分类账户本期发生额及期末余额试算平衡表

年 月 日至 日

账户名称	期初余额		本期发生额		期末余额	
	借方	贷方	借方	贷方	借方	贷方
合 计						

科目汇总表

年　月　日至　日　　　　　　　　　　　　第　号

账户名称	总账页数	本期发生额		凭证起止号数
		借方	贷方	
合计				

科目汇总表

年 月 日至 日 第 号

账户名称	总账页数	本期发生额		凭证起止号数
		借方	贷方	
合 计				

科目汇总表

年　月　日至　日　　　　　　　　　　　　　　　　第　号

账户名称	总账页数	本期发生额		凭证起止号数
		借方	贷方	
合 计				

科目汇总表

年 月 日至 日 第 号

账户名称	总账页数	本期发生额		凭证起止号数
		借方	贷方	
合 计				

3.5　登记总分类账

总账

第　页

年		凭证		摘要	对方科目	日页	借方金额											贷方金额											借或贷	余额										
月	日	种类	号数				亿	千	百	十	万	千	百	十	元	角	分	亿	千	百	十	万	千	百	十	元	角	分		亿	千	百	十	万	千	百	十	元	角	分

总账

第　页

年		凭证		摘要	对方科目	日页	借方金额											贷方金额											借或贷	余额										
月	日	种类	号数				亿	千	百	十	万	千	百	十	元	角	分	亿	千	百	十	万	千	百	十	元	角	分		亿	千	百	十	万	千	百	十	元	角	分

总账

第　　页

年		凭证		摘要	对方科目	日页	借方金额											贷方金额											借或贷	余额										
月	日	种类	号数				亿	千	百	十	万	千	百	十	元	角	分	亿	千	百	十	万	千	百	十	元	角	分		亿	千	百	十	万	千	百	十	元	角	分

总账

第　　页

年		凭证		摘要	对方科目	日页	借方金额											贷方金额											借或贷	余额										
月	日	种类	号数				亿	千	百	十	万	千	百	十	元	角	分	亿	千	百	十	万	千	百	十	元	角	分		亿	千	百	十	万	千	百	十	元	角	分

总账

第　　页

年		凭证		摘要	对方科目	日页	借方金额											贷方金额											借或贷	余额										
月	日	种类	号数				亿	千	百	十	万	千	百	十	元	角	分	亿	千	百	十	万	千	百	十	元	角	分		亿	千	百	十	万	千	百	十	元	角	分

总账

第　　页

年		凭证		摘要	对方科目	日页	借方金额											贷方金额											借或贷	余额										
月	日	种类	号数				亿	千	百	十	万	千	百	十	元	角	分	亿	千	百	十	万	千	百	十	元	角	分		亿	千	百	十	万	千	百	十	元	角	分

总账

第　　页

年		凭证		摘要	对方科目	日页	借方金额											贷方金额											借或贷	余额										
月	日	种类	号数				亿	千	百	十	万	千	百	十	元	角	分	亿	千	百	十	万	千	百	十	元	角	分		亿	千	百	十	万	千	百	十	元	角	分

总账

第　　页

年		凭证		摘要	对方科目	日页	借方金额											贷方金额											借或贷	余额										
月	日	种类	号数				亿	千	百	十	万	千	百	十	元	角	分	亿	千	百	十	万	千	百	十	元	角	分		亿	千	百	十	万	千	百	十	元	角	分

总账

第　页

年		凭证		摘要	对方科目	日页	借方金额											贷方金额											借或贷	余额										
月	日	种类	号数				亿	千	百	十	万	千	百	十	元	角	分	亿	千	百	十	万	千	百	十	元	角	分		亿	千	百	十	万	千	百	十	元	角	分

总账

第　页

年		凭证		摘要	对方科目	日页	借方金额											贷方金额											借或贷	余额										
月	日	种类	号数				亿	千	百	十	万	千	百	十	元	角	分	亿	千	百	十	万	千	百	十	元	角	分		亿	千	百	十	万	千	百	十	元	角	分

总账

第　　页

年		凭证		摘要	对方科目	日页	借方金额											贷方金额											借或贷	余额										
月	日	种类	号数				亿	千	百	十	万	千	百	十	元	角	分	亿	千	百	十	万	千	百	十	元	角	分		亿	千	百	十	万	千	百	十	元	角	分

总账

第　　页

年		凭证		摘要	对方科目	日页	借方金额											贷方金额											借或贷	余额										
月	日	种类	号数				亿	千	百	十	万	千	百	十	元	角	分	亿	千	百	十	万	千	百	十	元	角	分		亿	千	百	十	万	千	百	十	元	角	分

总账

第　　页

年		凭证		摘要	对方科目	日页	借方金额											贷方金额											借或贷	余额										
月	日	种类	号数				亿	千	百	十	万	千	百	十	元	角	分	亿	千	百	十	万	千	百	十	元	角	分		亿	千	百	十	万	千	百	十	元	角	分

总账

第　　页

年		凭证		摘要	对方科目	日页	借方金额											贷方金额											借或贷	余额										
月	日	种类	号数				亿	千	百	十	万	千	百	十	元	角	分	亿	千	百	十	万	千	百	十	元	角	分		亿	千	百	十	万	千	百	十	元	角	分

总账

第 页

年		凭证		摘要	对方科目	日页	借方金额											贷方金额											借或贷	余额										
月	日	种类	号数				亿	千	百	十	万	千	百	十	元	角	分	亿	千	百	十	万	千	百	十	元	角	分		亿	千	百	十	万	千	百	十	元	角	分

总账

第 页

年		凭证		摘要	对方科目	日页	借方金额											贷方金额											借或贷	余额										
月	日	种类	号数				亿	千	百	十	万	千	百	十	元	角	分	亿	千	百	十	万	千	百	十	元	角	分		亿	千	百	十	万	千	百	十	元	角	分

总账

第　　页

年		凭证		摘要	对方科目	日页	借方金额											贷方金额											借或贷	余额										
月	日	种类	号数				亿	千	百	十	万	千	百	十	元	角	分	亿	千	百	十	万	千	百	十	元	角	分		亿	千	百	十	万	千	百	十	元	角	分

总账

第　　页

年		凭证		摘要	对方科目	日页	借方金额											贷方金额											借或贷	余额										
月	日	种类	号数				亿	千	百	十	万	千	百	十	元	角	分	亿	千	百	十	万	千	百	十	元	角	分		亿	千	百	十	万	千	百	十	元	角	分

总账

第　　页

年		凭证		摘要	对方科目	日页	借方金额											贷方金额											借或贷	余额										
月	日	种类	号数				亿	千	百	十	万	千	百	十	元	角	分	亿	千	百	十	万	千	百	十	元	角	分		亿	千	百	十	万	千	百	十	元	角	分

总账

第　　页

年		凭证		摘要	对方科目	日页	借方金额											贷方金额											借或贷	余额										
月	日	种类	号数				亿	千	百	十	万	千	百	十	元	角	分	亿	千	百	十	万	千	百	十	元	角	分		亿	千	百	十	万	千	百	十	元	角	分

总账

第　　页

年		凭证		摘　要	对方科目	日页	借方金额											贷方金额											借或贷	余　额										
月	日	种类	号数				亿	千	百	十	万	千	百	十	元	角	分	亿	千	百	十	万	千	百	十	元	角	分		亿	千	百	十	万	千	百	十	元	角	分

总账

第　　页

年		凭证		摘　要	对方科目	日页	借方金额											贷方金额											借或贷	余　额										
月	日	种类	号数				亿	千	百	十	万	千	百	十	元	角	分	亿	千	百	十	万	千	百	十	元	角	分		亿	千	百	十	万	千	百	十	元	角	分

总账

第　　页

年		凭证		摘要	对方科目	日页	借方金额											贷方金额											借或贷	余额										
月	日	种类	号数				亿	千	百	十	万	千	百	十	元	角	分	亿	千	百	十	万	千	百	十	元	角	分		亿	千	百	十	万	千	百	十	元	角	分

总账

第　　页

年		凭证		摘要	对方科目	日页	借方金额											贷方金额											借或贷	余额										
月	日	种类	号数				亿	千	百	十	万	千	百	十	元	角	分	亿	千	百	十	万	千	百	十	元	角	分		亿	千	百	十	万	千	百	十	元	角	分

总账

第　　页

年		凭证		摘要	对方科目	日页	借方金额											贷方金额											借或贷	余额										
月	日	种类	号数				亿	千	百	十	万	千	百	十	元	角	分	亿	千	百	十	万	千	百	十	元	角	分		亿	千	百	十	万	千	百	十	元	角	分

总账

第　　页

年		凭证		摘要	对方科目	日页	借方金额											贷方金额											借或贷	余额										
月	日	种类	号数				亿	千	百	十	万	千	百	十	元	角	分	亿	千	百	十	万	千	百	十	元	角	分		亿	千	百	十	万	千	百	十	元	角	分

总账

第　　页

年		凭证		摘　要	对方科目	日页	借方金额											贷方金额											借或贷	余　额										
月	日	种类	号数				亿	千	百	十	万	千	百	十	元	角	分	亿	千	百	十	万	千	百	十	元	角	分		亿	千	百	十	万	千	百	十	元	角	分

总账

第　　页

年		凭证		摘　要	对方科目	日页	借方金额											贷方金额											借或贷	余　额										
月	日	种类	号数				亿	千	百	十	万	千	百	十	元	角	分	亿	千	百	十	万	千	百	十	元	角	分		亿	千	百	十	万	千	百	十	元	角	分

总账

第　　页

年		凭证		摘　要	对方科目	日页	借方金额											贷方金额											借或贷	余　额										
月	日	种类	号数				亿	千	百	十	万	千	百	十	元	角	分	亿	千	百	十	万	千	百	十	元	角	分		亿	千	百	十	万	千	百	十	元	角	分

总账

第　　页

年		凭证		摘　要	对方科目	日页	借方金额											贷方金额											借或贷	余　额										
月	日	种类	号数				亿	千	百	十	万	千	百	十	元	角	分	亿	千	百	十	万	千	百	十	元	角	分		亿	千	百	十	万	千	百	十	元	角	分

总账

第　　页

年		凭证		摘要	对方科目	日页	借方金额											贷方金额											借或贷	余额										
月	日	种类	号数				亿	千	百	十	万	千	百	十	元	角	分	亿	千	百	十	万	千	百	十	元	角	分		亿	千	百	十	万	千	百	十	元	角	分

总账

第　　页

年		凭证		摘要	对方科目	日页	借方金额											贷方金额											借或贷	余额										
月	日	种类	号数				亿	千	百	十	万	千	百	十	元	角	分	亿	千	百	十	万	千	百	十	元	角	分		亿	千	百	十	万	千	百	十	元	角	分

总账

第　　页

年		凭证		摘要	对方科目	日页	借方金额											贷方金额											借或贷	余额										
月	日	种类	号数				亿	千	百	十	万	千	百	十	元	角	分	亿	千	百	十	万	千	百	十	元	角	分		亿	千	百	十	万	千	百	十	元	角	分

总账

第　　页

年		凭证		摘要	对方科目	日页	借方金额											贷方金额											借或贷	余额										
月	日	种类	号数				亿	千	百	十	万	千	百	十	元	角	分	亿	千	百	十	万	千	百	十	元	角	分		亿	千	百	十	万	千	百	十	元	角	分

总账

第　　页

年		凭证		摘　要	对方科目	日页	借方金额											贷方金额											借或贷	余　额										
月	日	种类	号数				亿	千	百	十	万	千	百	十	元	角	分	亿	千	百	十	万	千	百	十	元	角	分		亿	千	百	十	万	千	百	十	元	角	分

总账

第　　页

年		凭证		摘　要	对方科目	日页	借方金额											贷方金额											借或贷	余　额										
月	日	种类	号数				亿	千	百	十	万	千	百	十	元	角	分	亿	千	百	十	万	千	百	十	元	角	分		亿	千	百	十	万	千	百	十	元	角	分

总账

第　　页

年		凭证		摘要	对方科目	日页	借方金额											贷方金额											借或贷	余额										
月	日	种类	号数				亿	千	百	十	万	千	百	十	元	角	分	亿	千	百	十	万	千	百	十	元	角	分		亿	千	百	十	万	千	百	十	元	角	分

总账

第　　页

年		凭证		摘要	对方科目	日页	借方金额											贷方金额											借或贷	余额										
月	日	种类	号数				亿	千	百	十	万	千	百	十	元	角	分	亿	千	百	十	万	千	百	十	元	角	分		亿	千	百	十	万	千	百	十	元	角	分

总账

第　　页

年		凭证		摘要	对方科目	日页	借方金额											贷方金额											借或贷	余额										
月	日	种类	号数				亿	千	百	十	万	千	百	十	元	角	分	亿	千	百	十	万	千	百	十	元	角	分		亿	千	百	十	万	千	百	十	元	角	分

总账

第　　页

年		凭证		摘要	对方科目	日页	借方金额											贷方金额											借或贷	余额										
月	日	种类	号数				亿	千	百	十	万	千	百	十	元	角	分	亿	千	百	十	万	千	百	十	元	角	分		亿	千	百	十	万	千	百	十	元	角	分

3.6　编制纳税申报表

3.6.1　增值税纳税申报表(一般纳税人适用)

附件1

增值税纳税申报表

(一般纳税人适用)

根据《中华人民共和国增值税暂行条例》和《交通运输业和部分现代服务业营业税改增值税试点服务办法》的规定制定本表。纳税人不论有无销售额,均应按税务机关核定的纳税期限填写本表,并向当地税务机关申报。

税款所属时间:自　　年　月　日至　　年　月　日　　填表日期:　　年　月　日　金额单位:元至角分

纳税人识别号			所属行业:		
纳税人名称	(公章)	法定代表人姓名		注册地址	生产经营地址
开户银行及账号		登记注册类型			电话号码

	项目	栏次	一般货物、劳务和应税服务 本月数	一般货物、劳务和应税服务 本年累计	即征即退货物、劳务和应税服务 本月数	即征即退货物、劳务和应税服务 本年累计
销售额	(一)按适用税率计税销售额	1				
	其中:应税货物销售额	2				
	应税劳务销售额	3				
	纳税检查调整的销售额	4				
	(二)按简易办法计税销售额	5				
	其中:纳税检查调整的销售额	6				
	(三)免、抵、退办法出口销售额	7			—	—
	(四)免税销售额	8			—	—
	其中:免税货物销售额	9			—	—
	免税劳务销售额	10			—	—
税款计算	销项税额	11				
	进项税额	12				
	上期留抵税额	13				—
	进项税额转出	14				
	免、抵、退应退税额	15			—	—
	按适用税率计算的纳税检查应补缴税额	16			—	—
	应抵扣税额合计	17=12+13-14-15+16		—		—
	实际抵扣税额	18(如17<11,则为17,否则为11)				
	应纳税额	19=11-18				
	期末留抵税额	20=17-18				—
	简易计税办法计算的应纳税额	21				
	按简易计税办法计算的纳税检查应补缴税额	22			—	—
	应纳税额减征额	23				
	应纳税额合计	24=19+21-23				
税款缴纳	期初未缴税额(多缴为负数)	25				
	实收出口开具专用缴款书退税额	26			—	—
	本期已缴税额	27=28+29+30+31				
	①分次预缴税额	28		—		—
	②出口开具专用缴款书预缴税额	29		—	—	—
	③本期缴纳上期应纳税额	30				
	④本期缴纳欠缴税额	31				
	期末未缴税额(多缴为负数)	32=24+25+26-27				
	其中:欠缴税额(≥0)	33=25+26-27		—		—
	本期应补(退)税额	34=24-28-29		—		—
	即征即退实际退税额	35	—	—		
	期初未缴查补税额	36			—	—
	本期入库查补税额	37			—	—
	期末未缴查补税额	38=16+22+36-37			—	—

授权声明	如果你已委托代理人申报,请填写下列资料: 为代理一切税务事宜,现授权 (地址)　　　　　为本纳税人的代理申报人,任何与本申报表有关的往来文件,都可寄予此人。 授权人签字:	申报人声明	本纳税申报表是根据国家税收法律法规及相关规定填报的,我确定它是真实的、可靠的、完整的。 声明人签字:

主管税务机关:　　　　　　　　接收人:　　　　　　　　接收日期:

填写说明：

（1）“税款所属时间”：指纳税人申报的增值税应纳税额的所属时间，应填写具体的起止年、月、日。

（2）“填表日期”：指纳税人填写本表的具体日期。

（3）“纳税人识别号”：填写纳税人的税务登记证号码。

（4）“所属行业”：按照国民经济行业分类与代码中的小类行业填写。

（5）“纳税人名称”：填写纳税人单位名称全称。

（6）“法定代表人姓名”：填写纳税人法定代表人的姓名。

（7）“注册地址”：填写纳税人税务登记证所注明的详细地址。

（8）“生产经营地址”：填写纳税人实际生产经营地的详细地址。

（9）“开户银行及账号”：填写纳税人开户银行的名称和纳税人在该银行的结算账户号码。

（10）“登记注册类型”：按纳税人税务登记证的栏目内容填写。

（11）“电话号码”：填写可联系到纳税人的常用电话号码。

（12）“即征即退货物、劳务和应税服务”列：填写纳税人按规定享受增值税即征即退政策的货物、劳务和应税服务的征（退）税数据。

（13）“一般货物、劳务和应税服务”列：填写除享受增值税即征即退政策以外的货物、劳务和应税服务的征（免）税数据。

（14）“本年累计”列：一般填写本年度内各月“本月数”之和。其中，第13、20、25、32、36、38栏及第18栏“实际抵扣税额”“一般货物、劳务和应税服务”列的“本年累计”分别按本填写说明第（27）、（34）、（39）、（46）、（50）、（52）、（32）条要求填写。

（15）第1栏“（一）按适用税率计税销售额”：填写纳税人本期按一般计税方法计算缴纳增值税的销售额，包含：在财务上不作销售但按税法规定应缴纳增值税的视同销售和价外费用的销售额；外贸企业作价销售进料加工复出口货物的销售额；税务、财政、审计部门检查后按一般计税方法计算调整的销售额。

营业税改征增值税的纳税人，应税服务有扣除项目的，本栏应填写扣除之前的不含税销售额。

本栏“一般货物、劳务和应税服务”列“本月数”=附列资料（一）第9列第1至5行之和-第9列第6、7行之和；本栏“即征即退货物、劳务和应税服务”列“本月数”=附列资料（一）第9列第6、7行之和。

（16）第2栏“其中：应税货物销售额”：填写纳税人本期按适用税率计算增值税的应税货物的销售额。包含在财务上不作销售但按税法规定应缴纳增值税的视同销售货物和价外费用销售额，以及外贸企业作价销售进料加工复出口货物的销售额。

（17）第3栏“应税劳务销售额”：填写纳税人本期按适用税率计算增值税的应税劳务的销售额。

（18）第4栏“纳税检查调整的销售额”：填写纳税人因税务、财政、审计部门检查，并按一般计税方法在本期计算调整的销售额。但享受增值税即征即退政策的货物、劳务和应税服务，经纳税检查发现偷税的，不填入“即征即退货物、劳务和应税服务”列，而应填入“一般货物、劳务和应税服务”列。

营业税改征增值税的纳税人，应税服务有扣除项目的，本栏应填写扣除之前的不含税销售额。

本栏“一般货物、劳务和应税服务”列“本月数”=附列资料（一）第7列第1至5行之和。

（19）第5栏“按简易办法计税销售额”：填写纳税人本期按简易计税方法计算增值税的销售额。包含纳税检查调整按简易计税方法计算增值税的销售额。

营业税改征增值税的纳税人，应税服务有扣除项目的，本栏应填写扣除之前的不含税销售额；应税服务按规定汇总计算缴纳增值税的分支机构，其当期按预征率计算缴纳增值税的销售额也填入本栏。

本栏“一般货物、劳务和应税服务”列“本月数”≥附列资料（一）第9列第8至13行之和-第9列第14、15行之和；本栏“即征即退货物、劳务和应税服务”列“本月数”≥附列资料（一）第9列第14、15行之和。

（20）第6栏“其中：纳税检查调整的销售额”：填写纳税人因税务、财政、审计部门检查，并按简易计税方法在本期计算调整的销售额。但享受增值税即征即退政策的货物、劳务和应税服务，经纳税检查发现偷税的，不填入“即征即退货物、劳务和应税服务”列，而应填入“一般货物、劳务和应税服务”列。

营业税改征增值税的纳税人，应税服务有扣除项目的，本栏应填写扣除之前的不含税销售额。

（21）第7栏“免、抵、退办法出口销售额”：填写纳税人本期适用免、抵、退税办法的出口货物、劳务和应税服务的销售额。

营业税改征增值税的纳税人，应税服务有扣除项目的，本栏应填写扣除之前的销售额。

本栏“一般货物、劳务和应税服务”列“本月数”=附列资料（一）第9列第16、17行之和。

（22）第8栏“免税销售额”：填写纳税人本期按照税法规定免征增值税的销售额和适用零税率的销售额，但零税率的销售额中不包括适用免、抵、退税办法的销售额。

营业税改征增值税的纳税人，应税服务有扣除项目的，本栏应填写扣除之前的免税销售额。

本栏“一般货物、劳务和应税服务”列“本月数”=附列资料（一）第9列第18、19行之和。

（23）第9栏“其中：免税货物销售额”：填写纳税人本期按照税法规定免征增值税的货物销售额及适用零税率的货物销售额，但零税率的销售额中不包括适用免、抵、退税办法出口货物的销售额。

（24）第10栏“免税劳务销售额”：填写纳税人本期按照税法规定免征增值税的劳务销售额及适用零税率的劳务销售额，但零税率的销售额中不包括适用免、抵、退税办法的劳务的销售额。

（25）第11栏“销项税额”：填写纳税人本期按一般计税方法计税的货物、劳务和应税服务的销项税额。

营业税改征增值税的纳税人，应税服务有扣除项目的，本栏应填写扣除之后的销项税额。

本栏“一般货物、劳务和应税服务”列“本月数”＝附列资料（一）（第10列第1、3行之和−10列第6行）＋（第14列第2、4、5行之和−14列第7行）。

本栏“即征即退货物、劳务和应税服务”列“本月数”＝附列资料（一）第10列第6行+第14列第7行。

（26）第12栏“进项税额”：填写纳税人本期申报抵扣的进项税额。

本栏“一般货物、劳务和应税服务”列“本月数”＋“即征即退货物、劳务和应税服务”列“本月数”＝附列资料（二）第12栏“税额”。

（27）第13栏“上期留抵税额”：

①上期留抵税额按规定须挂账的纳税人，按以下要求填写本栏的“本月数”和“本年累计”。

上期留抵税额按规定须挂账的纳税人是指试点实施之日前一个税款所属期的申报表第20栏“期末留抵税额”“一般货物及劳务”列“本月数”大于零，且兼有营业税改征增值税应税服务的纳税人（下同）。其试点实施之日前一个税款所属期的申报表第20栏“期末留抵税额”“一般货物及劳务”列“本月数”，以下称为货物和劳务挂账留抵税额。

本栏“一般货物、劳务和应税服务”列“本月数”：试点实施之日的税款所属期填写“0”；以后各期按上期申报表第20栏“期末留抵税额”“一般货物、劳务和应税服务”列“本月数”填写。

本栏“一般货物、劳务和应税服务”列“本年累计”：反映货物和劳务挂账留抵税额本期期初余额。试点实施之日的税款所属期按试点实施之日前一个税款所属期的申报表第20栏“期末留抵税额”“一般货物及劳务”列“本月数”填写；以后各期按上期申报表第20栏“期末留抵税额”“一般货物、劳务和应税服务”列“本年累计”填写。

本栏“即征即退货物、劳务和应税服务”列“本月数”：按上期申报表第20栏“期末留抵税额”“即征即退货物、劳务和应税服务”列“本月数”填写。

②其他纳税人，按以下要求填写本栏“本月数”和“本年累计”。

其他纳税人是指除上期留抵税额按规定须挂账的纳税人之外的纳税人（下同）。

本栏“一般货物、劳务和应税服务”列“本月数”：按上期申报表第20栏“期末留抵税额”“一般货物、劳务和应税服务”列“本月数”填写。

本栏“一般货物、劳务和应税服务”列“本年累计”：填写“0”。

本栏“即征即退货物、劳务和应税服务”列“本月数”：按上期申报表第20栏“期末留抵税额”“即征即退货物、劳务和应税服务”列“本月数”填写。

（28）第14栏“进项税额转出”：填写纳税人已经抵扣，但按税法规定本期应转出的进项税额。

本栏“一般货物、劳务和应税服务”列“本月数”+“即征即退货物、劳务和应税服务”列“本月数”=附列资料（二）第13栏“税额”。

（29）第15栏“免、抵、退应退税额”：反映税务机关退税部门按照出口货物、劳务和应税服务免、抵、退办法审批的增值税应退税额。

（30）第16栏“按适用税率计算的纳税检查应补缴税额”：填写税务、财政、审计部门检查，按一般计税方法计算的纳税检查应补缴的增值税税额。

本栏“一般货物、劳务和应税服务”列“本月数”≤附列资料（一）第8列第1至5行之和+附列资料（二）第19栏。

（31）第17栏“应抵扣税额合计”：填写纳税人本期应抵扣进项税额的合计数。按表中所列公式计算填写。

（32）第18栏“实际抵扣税额”：

①上期留抵税额按规定须挂账的纳税人，按以下要求填写本栏的“本月数”和“本年累计”。

本栏“一般货物、劳务和应税服务”列“本月数”：按表中所列公式计算填写。

本栏“一般货物、劳务和应税服务”列“本年累计”：填写货物和劳务挂账留抵税额本期实际抵减一般货物和劳务应纳税额的数额。将“货物和劳务挂账留抵税额本期期初余额”与“一般计税方法的一般货物及劳务应纳税额”两个数据相比较，取二者中小的数据。

其中：货物和劳务挂账留抵税额本期期初余额=第13栏“上期留抵税额”“一般货物、劳务和应税服务”列“本年累计”；

一般计税方法的一般货物及劳务应纳税额=（第11栏“销项税额”“一般货物、劳务和应税服务”列“本月数”-第18栏“实际抵扣税额”“一般货物、劳务和应税服务”列“本月数”）×一般货物及劳务销项税额比例；

一般货物及劳务销项税额比例=（附列资料（一）第10列第1、3行之和-第10列第6行）÷第11栏“销项税额”“一般货物、劳务和应税服务”列“本月数”×100%。

本栏“即征即退货物、劳务和应税服务”列“本月数”：按表中所列公式计算填写。

②其他纳税人，按以下要求填写本栏的“本月数”和“本年累计”：

本栏“一般货物、劳务和应税服务”列“本月数”：按表中所列公式计算填写。

本栏“一般货物、劳务和应税服务”列“本年累计”：填写“0”。

本栏“即征即退货物、劳务和应税服务”列“本月数”：按表中所列公式计算填写。

（33）第19栏“应纳税额”：反映纳税人本期按一般计税方法计算并应缴纳的增值税额。按以下公式计算填写：

①本栏“一般货物、劳务和应税服务”列“本月数”=第11栏“销项税额”“一般货物、劳务和应税服务”列“本月数”-第18栏“实际抵扣税额”“一般货物、劳务和应税服务”列“本月数”-第18栏“实际抵扣税额”“一般货物、劳务和应税服务”列“本年累计”。

②本栏“即征即退货物、劳务和应税服务”列“本月数”＝第11栏“销项税额”“即征即退货物、劳务和应税服务”列“本月数”－第18栏“实际抵扣税额”“即征即退货物、劳务和应税服务”列“本月数”。

（34）第20栏“期末留抵税额”：

①上期留抵税额按规定须挂账的纳税人，按以下要求填写本栏的“本月数”和“本年累计”：

本栏“一般货物、劳务和应税服务”列“本月数”：反映试点实施以后，一般货物、劳务和应税服务共同形成的留抵税额。按表中所列公式计算填写。

本栏“一般货物、劳务和应税服务”列“本年累计”：反映货物和劳务挂账留抵税额，在试点实施以后抵减一般货物和劳务应纳税额后的余额。按以下公式计算填写：

本栏“一般货物、劳务和应税服务”列“本年累计”＝第13栏“上期留抵税额”“一般货物、劳务和应税服务”列“本年累计”－第18栏“实际抵扣税额”“一般货物、劳务和应税服务”列“本年累计”。

本栏“即征即退货物、劳务和应税服务”列“本月数”：按表中所列公式计算填写。

②其他纳税人，按以下要求填写本栏“本月数”和“本年累计”：

本栏“一般货物、劳务和应税服务”列“本月数”：按表中所列公式计算填写。

本栏“一般货物、劳务和应税服务”列“本年累计”：填写“0”。

本栏“即征即退货物、劳务和应税服务”列“本月数”：按表中所列公式计算填写。

（35）第21栏“简易计税办法计算的应纳税额”：反映纳税人本期按简易计税方法计算并应缴纳的增值税额，但不包括按简易计税方法计算的纳税检查应补缴税额。按以下公式计算填写：

本栏“一般货物、劳务和应税服务”列“本月数”＝附列资料（一）（第10列第8至11行之和－第10列第14行）＋（第14列第12行至13行之和－第14列第15行）。

本栏“即征即退货物、劳务和应税服务”列“本月数”＝附列资料（一）第10列第14行＋第14列第15行。

营业税改征增值税的纳税人，应税服务按规定汇总计算缴纳增值税的分支机构，应将预征增值税额填入本栏。预征增值税额=应预征增值税的销售额×预征率。

（36）第22栏“按简易计税办法计算的纳税检查应补缴税额”：填写纳税人本期因税务、财政、审计部门检查并按简易计税方法计算的纳税检查应补缴税额。

（37）第23栏“应纳税额减征额”：填写纳税人本期按照税法规定减征的增值税应纳税额。包含按照规定可在增值税应纳税额中全额抵减的增值税税控系统专用设备费用以及技术维护费。

当本期减征额小于或等于第19栏“应纳税额”与第21栏“简易计税办法计算的应纳税额”之和时，按本期减征额实际填写；当本期减征额大于第19栏“应纳税额”与第21栏“简易计税办法计算的应纳税额”之和时，按本期第19栏与第21栏之和填写。本期减征额不足抵减部分结转下期继续抵减。

（38）第24栏“应纳税额合计”：反映纳税人本期应缴增值税的合计数。按表中所列公式计算填写。

（39）第25栏“期初未缴税额（多缴为负数）”：“本月数”按上一税款所属期申报表第32栏“期末未缴税额（多缴为负数）”“本月数”填写。“本年累计”按上年度最后一个税款所属期申报表第32栏“期末未缴税额（多缴为负数）”“本年累计”填写。

（40）第26栏“实收出口开具专用缴款书退税额”：本栏不填写。

（41）第27栏“本期已缴税额”：反映纳税人本期实际缴纳的增值税额，但不包括本期入库的查补税款。按表中所列公式计算填写。

（42）第28栏“①分次预缴税额”：填写纳税人本期已缴纳的准予在本期增值税应纳税额中抵减的税额。

营业税改征增值税的纳税人，应税服务按规定汇总计算缴纳增值税的总机构，其可以从本期增值税应纳税额中抵减的分支机构已缴纳的税款，按当期实际可抵减数填入本栏，不足抵减部分结转下期继续抵减。

（43）第29栏“②出口开具专用缴款书预缴税额”：本栏不填写。

（44）第30栏“③本期缴纳上期应纳税额”：填写纳税人本期缴纳上一税款所属期应缴未缴的增值税额。

（45）第31栏“④本期缴纳欠缴税额”：反映纳税人本期实际缴纳和留抵税额抵减的增值税欠税额，但不包括缴纳入库的查补增值税额。

（46）第32栏“期末未缴税额（多缴为负数）”：“本月数”反映纳税人本期期末应缴未缴的增值税额，但不包括纳税检查应缴未缴的税额。按表中所列公式计算填写。“本年累计”与“本月数”相同。

（47）第33栏“其中：欠缴税额（≥0）”：反映纳税人按照税法规定已形成欠税的增值税额。按表中所列公式计算填写。

（48）第34栏“本期应补（退）税额”：反映纳税人本期应纳税额中应补缴或应退回的数额。按表中所列公式计算填写。

（49）第35栏“即征即退实际退税额”：反映纳税人本期因符合增值税即征即退政策规定，而实际收到的税务机关退回的增值税额。

（50）第36栏“期初未缴查补税额”：“本月数”按上一税款所属期申报表第38栏“期末未缴查补税额”“本月数”填写。“本年累计”按上年度最后一个税款所属期申报表第38栏“期末未缴查补税额”“本年累计”填写。

（51）第37栏“本期入库查补税额”：反映纳税人本期因税务、财政、审计部门检查而实际入库的增值税额，包括按一般计税方法计算并实际缴纳的查补增值税额和按简易计税方法计算并实际缴纳的查补增值税额。

（52）第38栏“期末未缴查补税额”：“本月数”反映纳税人接受纳税检查后应在本期期末缴纳而未缴纳的查补增值税额。按表中所列公式计算填写，“本年累计”与“本月数”相同。

增值税纳税申报表附列资料(一)

(本期销售情况明细)

税款所属时间：　　年　　月　　日至　　年　　月　　日　　　　填表日期：　　年　　月　　日

纳税人名称：(公章)　　　　金额单位：元至角分

项目及栏次				开具税控增值税专用发票		开具其他发票		未开具发票		纳税检查调整		合计			应税服务扣除项目本期实际扣除金额	扣除后	
				销售额	销项(应纳)税额	销售额	销项(应纳)税额	销售额	销项(应纳)税额	销售额	销项(应纳)税额	销售额	销项(应纳)税额	价税合计		含税(免税)销售额	销项(应纳)税额
				1	2	3	4	5	6	7	8	9=1+3+5+7	10=2+4+6+8	11=9+10	12	13=11-12	14=13÷(100%+税率或征收率)×税率或征收率
一、一般计税方法计税	全部征税项目	17%税率的货物及加工修理修配劳务	1											—	—	—	—
		17%税率的有形动产租赁服务	2														
		13%税率	3														
		11%税率	4											—	—	—	—
		6%税率	5														
	其中：即征即退项目	即征即退货物及加工修理修配劳务	6	—	—	—	—	—	—	—	—			—	—	—	—
		即征即退应税服务	7	—	—	—	—	—	—	—	—						
二、简易计税方法计税	全部征税项目	6%征收率	8							—	—			—	—	—	—
		5%征收率	9							—	—			—	—	—	—
		4%征收率	10							—	—			—	—	—	—
		3%征收率的货物及加工修理修配劳务	11							—	—			—	—	—	—
		3%征收率的应税服务	12							—	—						
		预征率%	13a							—	—						
		预征率%	13b							—	—						
		预征率%	13c							—	—						
	其中：即征即退项目	即征即退货物及加工修理修配劳务	14	—	—	—	—	—	—	—	—			—	—	—	—
		即征即退应税服务	15	—	—	—	—	—	—	—	—						
三、免抵退税	货物及加工修理修配劳务		16	—	—		—		—	—	—		—	—	—	—	—
	应税服务		17	—	—		—		—	—	—		—				—
四、免税	货物及加工修理修配劳务		18				—		—	—	—		—	—	—	—	—
	应税服务		19	—	—		—		—	—	—		—				—

填写说明：

（1）“税款所属时间”、“纳税人名称”的填写同主表。

（2）各列说明：

①第1至2列“开具税控增值税专用发票”：反映本期开具防伪税控“增值税专用发票”、“货物运输业增值税专用发票”和税控“机动车销售统一发票”的情况。

②第3至4列“开具其他发票”：反映除上述三种发票以外本期开具的其他发票的情况。

③第5至6列“未开具发票”：反映本期未开具发票的销售情况。

④第7至8列“纳税检查调整”：反映经税务、财政、审计部门检查并在本期调整的销售情况。

⑤第9至11列“合计”：按照表中所列公式填写。

营业税改征增值税的纳税人，应税服务有扣除项目的，第1至11列应填写扣除之前的征（免）税销售额、销项（应纳）税额和价税合计额。

⑥第12列“应税服务扣除项目本期实际扣除金额”：营业税改征增值税的纳税人，应税服务有扣除项目的，按附列资料（三）第5列对应各行次数据填写；应税服务无扣除项目的，本列填写“0”。其他纳税人不填写。

营业税改征增值税的纳税人，应税服务按规定汇总计算缴纳增值税的分支机构，当期应税服务有扣除项目的，填入本列第13行。

⑦第13列“扣除后”“含税(免税)销售额”：营业税改征增值税的纳税人，应税服务有扣除项目的，本列各行次＝第11列对应各行次－第12列对应各行次。其他纳税人不填写。

⑧第14列“扣除后”“销项(应纳)税额”：营业税改征增值税的纳税人，应税服务有扣除项目的，按以下要求填写本列，其他纳税人不填写。

A.应税服务按照一般计税方法计税。

本列各行次＝第13列÷(100%+对应行次税率)×对应行次税率

本列第7行“按一般计税方法计税的即征即退应税服务”不按本列的说明填写。具体填写要求见“各行说明”第2条第（2）项第③点的说明。

B.应税服务按照简易计税方法计税。

本列各行次＝第13列÷(100%+对应行次征收率)×对应行次征收率

本列第13行“预征率 %”不按本列的说明填写。具体填写要求见“各行说明”第4条第（2）项。

C.应税服务实行免抵退税或免税的，本列不填写。

（3）各行说明：

①第1至5行“一、一般计税方法计税”“全部征税项目”各行：按不同税率和项目分别填写按一般计税方法计算增值税的全部征税项目。有即征即退征税项目的纳税人，本部分数据中既包括即征即退征税项目，又包括不享受即征即退政策的一般征税项目。

②第6至7行“一、一般计税方法计税”“其中：即征即退项目”各行：

只反映按一般计税方法计算增值税的即征即退项目。按照税法规定不享受即征即退政策的纳税人，不填写本行。即征即退项目是全部征税项目的其中数。

A.第6行“即征即退货物及加工修理修配劳务”：反映按一般计税方法计算增值税且享受即征即退政策的货物和加工修理修配劳务。本行不包括应税服务的内容。

本行第9列“合计”“销售额”栏：反映按一般计税方法计算增值税且享受即征即退政策的货物及加工修理修配劳务的不含税销售额。该栏不按第9列所列公式计算，应按照税法规定据实填写。

本行第10列“合计”“销项(应纳)税额”栏：反映按一般计税方法计算增值税且享受即征即退政策的货物及加工修理修配劳务的销项税额。该栏不按第10列所列公式计算，应按照税法规定据实填写。

B.第7行“即征即退应税服务”：反映按一般计税方法计算增值税且享受即征即退政策的应税服务。本行不包括货物及加工修理修配劳务的内容。

本行第9列“合计”“销售额”栏：反映按一般计税方法计算增值税且享受即征即退政策的应税服务的不含税销售额。应税服务有扣除项目的，按扣除之前的不含税销售额填写。该栏不按第9列所列公式计算，应按照税法规定据实填写。

本行第10列“合计”“销项(应纳)税额”栏：反映按一般计税方法计算增值税且享受即征即退政策的应税服务的销项税额。应税服务有扣除项目的，按扣除之前的销项税额填写。该栏不按第10列所列公式计算，应按照税法规定据实填写。

本行第14列“扣除后”“销项(应纳)税额”栏：反映按一般计税方法征收增值税且享受即征即退政策的应税服务实际应计提的销项税额。应税服务有扣除项目的，按扣除之后的销项税额填写；应税服务无扣除项目的，按本行第10列填写。该栏不按第14列所列公式计算，应按照税法规定据实填写。

③第8至12行“二、简易计税方法计税”“全部征税项目”各行：按不同征收率和项目分别填写按简易计税方法计算增值税的全部征税项目。有即征即退征税项目的纳税人，本部分数据中既包括即征即退项目，也包括不享受即征即退政策的一般征税项目。

④第13行“二、简易计税方法计税”“预征率 %”：反映营业税改征增值税的纳税人，应税服务按规定汇总计算缴纳增值税的分支机构预征增值税销售额、预征增值税应纳税额。

A.本行第1至6列按照销售额和销项税额的实际发生数填写。

B.本行第14列，纳税人按“应预征缴纳的增值税=应预征增值税销售额×预征率”公式计算后据实填写。

⑤第14至15行“二、简易计税方法计税”“其中：即征即退项目”各行：只反映按简易计税方法计算增值税的即征即退项目。按照税法规定不

享受即征即退政策的纳税人，不填写本行。即征即退项目是全部征税项目的其中数。

A.第14行“即征即退货物及加工修理修配劳务”：反映按简易计税方法计算增值税且享受即征即退政策的货物及加工修理修配劳务。本行不包括应税服务的内容。

本行第9列“合计”“销售额”栏：反映按简易计税方法计算增值税且享受即征即退政策的货物及加工修理修配劳务的不含税销售额。该栏不按第9列所列公式计算，应按照税法规定据实填写。

本行第10列“合计”“销项(应纳)税额”栏：反映按简易计税方法计算增值税且享受即征即退政策的货物及加工修理修配劳务的应纳税额。该栏不按第10列所列公式计算，应按照税法规定据实填写。

B.第15行“即征即退应税服务”：反映按简易计税方法计算增值税且享受即征即退政策的应税服务。本行不包括货物及加工修理修配劳务的内容。

本行第9列“合计”“销售额”栏：反映按简易计税方法计算增值税且享受即征即退政策的应税服务的不含税销售额。应税服务有扣除项目的，按扣除之前的不含税销售额填写。该栏不按第9列所列公式计算，应按照税法规定据实填写。

本行第10列“合计”“销项(应纳)税额”栏：反映按简易计税方法计算增值税且享受即征即退政策的应税服务的应纳税额。应税服务有扣除项目的，按扣除之前的应纳税额填写。该栏不按第10列所列公式计算，应按照税法规定据实填写。

本行第14列“扣除后”“销项(应纳)税额”栏：反映按简易计税方法计算增值税且享受即征即退政策的应税服务实际应计提的应纳税额。应税服务有扣除项目的，按扣除之后的应纳税额填写；应税服务无扣除项目的，按本行第10列填写。

⑥第16行“三、免抵退税”“货物及加工修理修配劳务”：反映适用免、抵、退税政策的出口货物、加工修理修配劳务。

⑦第17行“三、免抵退税”“应税服务”：反映适用免、抵、退税政策的应税服务。

⑧第18行“四、免税”“货物及加工修理修配劳务”：反映按照税法规定免征增值税的货物及劳务和适用零税率的出口货物及劳务，但零税率的销售额中不包括适用免、抵、退税办法的出口货物及劳务。

⑨第19行“四、免税”“应税服务”：反映按照税法规定免征增值税的应税服务和适用零税率的应税服务，但零税率的销售额中不包括适用免、抵、退税办法的应税服务。

增值税纳税申报表附列资料(二)

(本期进项税额明细)

税款所属时间：　　年　　月　　日至　　年　　月　　日

纳税人名称：(公章)　　　　　　　　　　　　金额单位：元至角分

一、申报抵扣的进项税额				
项目	栏次	份数	金额	税额
(一)认证相符的税控增值税专用发票	1=2+3			
其中：本期认证相符且本期申报抵扣	2			
前期认证相符且本期申报抵扣	3			
(二)其他扣税凭证	4=5+6+7+8			
其中：海关进口增值税专用缴款书	5			
农产品收购发票或者销售发票	6			
代扣代缴税收缴款凭证	7		—	
运输费用结算单据	8			
	9	—	—	—
	10	—	—	—
(三)外贸企业进项税额抵扣证明	11	—	—	
当期申报抵扣进项税额合计	12=1+4+11			

二、进项税额转出额		
项目	栏次	税额
本期进项税转出额	13=14至23之和	
其中：免税项目用	14	
非应税项目用、集体福利、个人消费	15	
非正常损失	16	
简易计税方法征税项目用	17	
免抵退税办法不得抵扣的进项税额	18	
纳税检查调减进项税额	19	
红字专用发票通知单注明的进项税额	20	
上期留抵税额抵减欠税	21	
上期留抵税额退税	22	
其他应作进项税额转出的情形	23	

三、待抵扣进项税额				
项目	栏次	份数	金额	税额
(一)认证相符的税控增值税专用发票	24	—	—	—
期初已认证相符但未申报抵扣	25			
本期认证相符且本期未申报抵扣	26			
期末已认证相符但未申报抵扣	27			
其中：按照税法规定不允许抵扣	28			
(二)其他扣税凭证	29=30至33之和			
其中：海关进口增值税专用缴款书	30			
农产品收购发票或者销售发票	31			
代扣代缴税收缴款凭证	32		—	
运输费用结算单据	33			
	34			

四、其他				
项目	栏次	份数	金额	税额
本期认证相符的税控增值税专用发票	35			
代扣代缴税额	36	—	—	

填写说明：

（1）“税款所属时间”、“纳税人名称”的填写同主表。

（2）第1至12栏“一、申报抵扣的进项税额”：分别反映纳税人按税法规定符合抵扣条件，在本期申报抵扣的进项税额。

①第1栏“（一）认证相符的税控增值税专用发票”：反映纳税人取得的认证相符本期申报抵扣的防伪税控“增值税专用发票”、“货物运输业增值税专用发票”和税控“机动车销售统一发票”的情况。该栏应等于第2栏“本期认证相符且本期申报抵扣”与第3栏“前期认证相符且本期申报抵扣”数据之和。

②第2栏“其中：本期认证相符且本期申报抵扣”：反映本期认证相符且本期申报抵扣的防伪税控“增值税专用发票”、“货物运输业增值税专用发票”和税控“机动车销售统一发票”的情况。本栏是第1栏的其中数，本栏只填写本期认证相符且本期申报抵扣的部分。

③第3栏“前期认证相符且本期申报抵扣”：反映前期认证相符且本期申报抵扣的防伪税控“增值税专用发票”、“货物运输业增值税专用发票”和税控“机动车销售统一发票”的情况。辅导期纳税人依据税务机关告知的稽核比对结果通知书及明细清单注明的稽核相符的税控增值税专用发票填写本栏。本栏是第1栏的其中数，只填写前期认证相符且本期申报抵扣的部分。

④第4栏“（二）其他扣税凭证”：反映本期申报抵扣的除税控增值税专用发票之外的其他扣税凭证的情况。具体包括：海关进口增值税专用缴款书、农产品收购发票或者销售发票（含农产品核定扣除的进项税额）、代扣代缴税收缴款凭证和运输费用结算单据。该栏应等于第5至8栏之和。

⑤第5栏“海关进口增值税专用缴款书”：反映本期申报抵扣的海关进口增值税专用缴款书的情况。按规定执行海关进口增值税专用缴款书先比对后抵扣的，纳税人需依据税务机关告知的稽核比对结果通知书及明细清单注明的稽核相符的海关进口增值税专用缴款书填写本栏。

⑥第6栏“农产品收购发票或者销售发票”：反映本期申报抵扣的农产品收购发票和农产品销售普通发票的情况。执行农产品增值税进项税额核定扣除办法的，填写当期允许抵扣的农产品增值税进项税额，不填写“份数”、“金额”。

⑦第7栏“代扣代缴税收缴款凭证”：填写本期按规定准予抵扣的中华人民共和国税收缴款凭证上注明的增值税额。

⑧第8栏“运输费用结算单据”：反映按规定本期可以申报抵扣的交通运输费用结算单据的情况。

⑨第11栏“（三）外贸企业进项税额抵扣证明”：填写本期申报抵扣的税务机关出口退税部门开具的“出口货物转内销证明”列明允许抵扣的进项税额。

⑩第12栏“当期申报抵扣进项税额合计”：反映本期申报抵扣进项税额的合计数。按表中所列公式计算填写。

（3）第13至23栏“二、进项税额转出额”各栏：分别反映纳税人已经抵扣但按规定应在本期转出的进项税额明细情况。

①第13栏“本期进项税额转出额”：反映已经抵扣但按规定应在本期转出的进项税额合计数。按表中所列公式计算填写。

②第14栏“免税项目用”：反映用于免征增值税项目，按规定应在本期转出的进项税额。

③第15栏“非应税项目、集体福利、个人消费用”：反映用于非增值税应税项目、集体福利或者个人消费，按规定应在本期转出的进项税额。

④第16栏“非正常损失”：反映纳税人发生非正常损失，按规定应在本期转出的进项税额。

⑤第17栏“简易计税方法征税项目用”：反映用于按简易计税方法征税项目，按规定应在本期转出的进项税额。

营业税改征增值税的纳税人，应税服务按规定汇总计算缴纳增值税的分支机构，当期应由总机构汇总的进项税额也填入本栏。

⑥第18栏“免抵退税办法不得抵扣的进项税额”：反映按照免、抵、退税办法的规定，由于征税税率与退税税率存在税率差，在本期应转出的进项税额。

⑦第19栏“纳税检查调减进项税额”：反映税务、财政、审计部门检查后而调减的进项税额。

⑧第20栏“红字专用发票通知单注明的进项税额”：填写主管税务机关开具的“开具红字增值税专用发票通知单”、“开具红字货物运输业增值税专用发票通知单”等注明的在本期应转出的进项税额。

⑨第21栏“上期留抵税额抵减欠税”：填写本期经税务机关同意，使用上期留抵税额抵减欠税的数额。

⑩第22栏“上期留抵税额退税”：填写本期经税务机关批准的上期留抵税额退税额。

第23栏“其他应作进项税额转出的情形”：反映除上述进项税额转出情形外，其他应在本期转出的进项税额。

（4）第24至34栏“三、待抵扣进项税额”各栏：分别反映纳税人已经取得，但按税法规定不符合抵扣条件，暂不予在本期申报抵扣的进项税额情况及按税法规定不允许抵扣的进项税额情况。

①第24至28栏均包括防伪税控“增值税专用发票”、“货物运输业增值税专用发票”和税控“机动车销售统一发票”的情况。

②第25栏“期初已认证相符但未申报抵扣”：反映前期认证相符，但按照税法规定暂不予抵扣及不允许抵扣，结存至本期的税控增值税专用发票情况。辅导期纳税人填写认证相符但未收到稽核比对结果的税控增值税专用发票期初情况。

③第26栏“本期认证相符且本期未申报抵扣”：反映本期认证相符，但按税法规定暂不予抵扣及不允许抵扣，而未申报抵扣的税控增值税专用发票情况。辅导期纳税人填写本期认证相符但未收到稽核比对结果的税控增值税专用发票情况。

④第27栏“期末已认证相符但未申报抵扣”：反映截至本期期末，按照税法规定仍暂不予抵扣及不允许抵扣且已认证相符的税控增值税专用发票情况。辅导期纳税人填写截至本期期末已认证相符但未收到稽核比对结果的税控增值税专用发票期末情况。

⑤第28栏“其中：按照税法规定不允许抵扣”：反映截至本期期末已认证相符

但未申报抵扣的税控增值税专用发票中，按照税法规定不允许抵扣的税控增值税专用发票情况。

⑥第29栏“（二）其他扣税凭证”：反映截至本期期末仍未申报抵扣的除税控增值税专用发票之外的其他扣税凭证情况。具体包括：海关进口增值税专用缴款书、农产品收购发票或者销售发票、代扣代缴税收缴款凭证和运输费用结算单据。该栏应等于第30至33栏之和。

⑦第30栏“海关进口增值税专用缴款书”：反映已取得但截至本期期末仍未申报抵扣的海关进口增值税专用缴款书情况，包括纳税人未收到稽核比对结果的海关进口增值税专用缴款书情况。

⑧第31栏“农产品收购发票或者销售发票”：反映已取得但截至本期期末仍未申报抵扣的农产品收购发票和农产品销售普通发票情况。

⑨第32栏“代扣代缴税收缴款凭证”：反映已取得但截至本期期末仍未申报抵扣的代扣代缴税收缴款凭证情况。

⑩第33栏“运输费用结算单据”：反映已取得但截至本期期末仍未申报抵扣的运输费用结算单据情况。

（5）第35至36栏“四、其他”各栏：

①第35栏“本期认证相符的税控增值税专用发票”：反映本期认证相符的防伪税控“增值税专用发票”、“货物运输业增值税专用发票”和税控“机动车销售统一发票”的情况。

②第36栏“代扣代缴税额”：填写纳税人根据《中华人民共和国增值税暂行条例》第十八条扣缴的应税劳务增值税额与根据营业税改征增值税有关政策规定扣缴的应税服务增值税额之和。

增值税纳税申报表附列资料(三)

(应税服务扣除项目明细)

税款所属时间：　年　月　日至　年　月　日

纳税人名称:(公章)　　　　金额单位:元至角分

项目及栏次	本期应税服务价税合计额(免税销售额)	应税服务扣除项目				
		期初余额	本期发生额	本期应扣除金额	本期实际扣除金额	期末余额
	1	2	3	4=2+3	5(5≤1且5≤4)	6=4−5
17%税率的有形动产租赁服务						
11%税率的应税服务						
6%税率的应税服务						
3%征收率的应税服务						
免抵退税的应税服务						
免税的应税服务						

填写说明：

(1) 本表由营业税改征增值税应税服务有扣除项目的纳税人填写。其他纳税人不填写。

（2）“税款所属时间”、“纳税人名称”的填写同主表。

（3）第1列“本期应税服务价税合计额（免税销售额）”：营业税改征增值税的应税服务属于征税项目的，填写扣除之前的本期应税服务价税合计额；营业税改征增值税的应税服务属于免抵退税或免税项目的，填写扣除之前的本期应税服务免税销售额。本列各行次等于附列资料（一）第11列对应行次。

营业税改征增值税的纳税人，应税服务按规定汇总计算缴纳增值税的分支机构，本列各行次之和等于附列资料（一）第11列第13行。

（4）第2列“应税服务扣除项目”“期初余额”：填写应税服务扣除项目上期期末结存的金额，试点实施之日的税款所属期填写“0”。本列各行次等于上期附列资料（三）第6列对应行次。

（5）第3列“应税服务扣除项目”“本期发生额”：填写本期取得的按税法规定准予扣除的应税服务扣除项目金额。

（6）第4列“应税服务扣除项目”“本期应扣除金额”：填写应税服务扣除项目本期应扣除的金额。

本列各行次＝第2列对应各行次+第3列对应各行次

（7）第5列“应税服务扣除项目”“本期实际扣除金额”：填写应税服务扣除项目本期实际扣除的金额。

本列各行次≤第4列对应各行次且本列各行次≤第1列对应各行次。

（8）第6列“应税服务扣除项目”“期末余额”：填写应税服务扣除项目本期期末结存的金额。

本列各行次＝第4列对应各行次−第5列对应各行次

增值税纳税申报表附列资料(四)

(税额抵减情况表)

税款所属时间:　　年　　月　　日至　　年　　月　　日

纳税人名称:(公章)　　　　　　　　　　　　　　　　金额单位:元至角分

序号	抵减项目	期初余额	本期发生额	本期应抵减税额	本期实际抵减税额	期末余额
		1	2	3=1+2	4≤3	5=3−4
1	增值税税控系统专用设备费及技术维护费					
2	分支机构预征缴纳税款					
3						
4						
5						
6						

填写说明：

本表第1行由发生增值税税控系统专用设备费用和技术维护费的纳税人填写，反映纳税人增值税税控系统专用设备费用和技术维护费按规定抵减增值税应纳税额的情况。本表第2行由营业税改征增值税纳税人，应税服务按规定汇总计算缴纳增值税的总机构填写，反映其分支机构预征缴纳税款抵减总机构应纳增值税税额的情况。其他纳税人不填写本表。

固定资产进项税额抵扣情况表

纳税人名称（公章）： 填表日期： 年 月 日 金额单位：元至角分

项目	当期申报抵扣的固定资产进项税额	申报抵扣的固定资产进项税额累计
增值税专用发票		
海关进口增值税专用缴款书		
合 计		

填写说明：

本表反映纳税人在附列资料（二）“一、申报抵扣的进项税额”中固定资产的进项税额。本表按增值税专用发票、海关进口增值税专用缴款书分别填写。税控机动车销售统一发票填入增值税专用发票栏内。

3.6.2 营业税申报表及附表

营业税、城市维护建设税、教育费附加、文化事业建设费申报表

税务管理码： 填表日期：

税款所属时间： 至 金额单位：元

纳税人名称（公章）					经营地址					
纳税人识别号			电话		经济性质		开户银行		账号	
项目			应税收入	本期实际减除金额	应税营业额(计征金额)	适用税(费)率	应纳税额	减免税额	已缴税额	应征(退)税额
营业税	税目	子目	1	2	3=1−2	4	5=3×4	6	7	8=5−6−7
	合计									
城市维护建设税	营业税									
	增值税、消费税									
	经批准免抵增值税额（生产企业）									
	免、抵、退应退税额（生产企业一般纳税人）									
	合计									
教育费附加										
地方教育费附加										
文化事业建设费										
总计										

纳税人声明：
此纳税申报表是根据中华人民共和国有关税收法规填报的，我确认它是真实、可靠、完整的。如有不实，我愿承担法律责任。
法人代表（单位负责人）：

（公章）

年 月 日

填表说明

1.本表适用于营业税、城市维护建设税、教育费附加、地方教育费附加、文化事业建设费的纳税申报。经主管税务机关核准实行简易申报方式的纳税人和仅办理一般登记的建筑业项目，不填报本表。2.无论本期有无税款，均应填写此报表，否则按未申报处理。3.第1栏“应税收入”：填报纳税人当期取得的全部价款和价外费用之和。4.第2栏“本期实际减除金额”：不为0时，应填报“营业税计税营业额减除项目申报表”。5.第3栏“应税营业额（计征金额）”：应税营业额填写营业税计税依据；计征金额填写城市维护建设税、教育费附加、地方教育附加、文化事业建设费的计征依据。其中城市维护建设税（经批准免抵增值税额(生产企业)）填写国税机关正常审核出具的“生产企业出口免抵退税审批通知单”上注明的“免抵税额”。6.第6栏“减免税额”不为0时，应填报“减免税申报表”。7.第7栏“已缴税额”填报前期多缴税额与本期已缴税额之和。8.本表及明细申报表“纳税人名称”填写纳税人单位名称全称，并加盖公章，不得填写简称。“税款所属时间”填写纳税人申报的营业税应纳税额的所属时间，应填写具体的起止年、月、日。“税务管理码”栏，填写税务机关为纳税人确定的税务管理码。“填表日期”栏，填写纳税人填写本表的具体日期。9.本表一式四份，纳税人按规定的申报期限向主管税务机关申报纳税，主管税务机关受理后，两份税务机关留存，一份纳税人留存，一份纳税人记账。

营业税应税营业额减除项目申报表

纳税人名称:(公章)

税务管理码:　　　　　　　　　　　　填报日期:

税款所属时间:　　　至　　　　　　　　金额单位:元

税目	子目	减除项目名称	本期应税收入	上期未减除金额	本期发生减除金额	本期实际减除金额	本期未减除金额	备注
1	2	3	4	5	6	7	8=5+6-7	9
服务业	其他代理服务							
销售不动产	销售建筑物或构筑物							
金融保险业	金融业(农村信用社)金融							
金融保险业	金融业(非农村信用社)金融							
服务业	其他代理服务							

填表说明:

1.本表适用于发生税法规定可按差额缴纳营业税的应税行为并取得合法有效减除凭证的纳税人(以下简称纳税人),区分不同减除项目进行填写。上述差额纳税营业税应税行为不包括个人销售不动产、按规定办理一般项目登记的建筑业总分包业务。

2.第3栏"减除项目名称":按照实际发生的业务进行选择。其中金融商品转让(买卖)业务按股票、债券、外汇、其他金融商品买卖四类进行填写。

3.第5栏"上期未减除金额":按上期该表相同减除项目名称下的"本期未减除金额"栏的金额填写。其中金融商品转让(买卖)业务年末未减除金额不得跨年抵扣。

4.第6栏"本期发生减除金额":填写本期纳税人实际取得的合法有效减除凭证上开具的金额。

5.第7栏"本期实际减除金额":当第4栏小于等于第5栏与第6栏合计金额时,按第4栏金额填写;当第4栏大于第5栏+第6栏合计金额时,按第5栏与第6栏合计金额填写。

金融商品转让(买卖)减除项目申报表(年度汇算)

纳税人名称:(公章)

税务管理码:

税款所属时间:　　　至

填报日期:

金额单位:元

减除项目种类	全年应税收入	发生减除金额	应税营业额	税率	应纳税额	已缴税款	应征(退)税额
1	2	3	4=2-3	5	6=7×8	7	8=6-7
金融商品转让——股票买卖				0.03			
金融商品转让——债券买卖				0.03			
金融商品转让——外汇买卖				0.03			
金融商品转让——其他金融商品买卖				0.03			
合　计	—						

填表说明:

1.本表适用于发生金融商品买卖(转让)业务的纳税人(个人除外),在年度终了后15日内报送该汇总表。

2.第2栏"全年应税收入":按全年所有金融商品的卖出总价填写。金融商品卖出价是指卖出原价,不得减除卖出过程中支付的任何费用和税金。

3.第3栏"发生减除金额":按全年所有已卖出金融商品的买入总价填写。金融商品的买入价是指买入原价,不包括买入过程中支付的任何费用和税金。

建筑业、房地产业营业税分项目申报表

填表日期：

纳税人名称				注册类型			税款来源				项目编码				
纳税人识别号				税务管理码			开户银行				账号				
项目名称															
税种(费)	子目	所属期始	所属期止	营业税							适用税(费)率	应纳税额	本期税款计算		
				应税收入	其中：建设方提供的材料金额	上期未减除金额	本期发生减除金额	本期实际减除金额	本期未减除金额	应税营业额(计征金额)			减免税额	已缴税额	应征(退)税额
1	2	3	4	5	6	7	8	9	10=7+8−9	11=5−9	12	13=11×12	14	15	16=13−14−15
营业税	销售建筑物或构筑物														
城市维护建设税	城市维护建设税														
教育费附加	教育费附加														
地方教育附加	地方教育附加费														
合　计															

填表说明：

1.本表适用于按规定办理建筑业一般登记且发生建筑业营业税应税行为的纳税人以及按规定办理房地产项目登记且发生的销售不动产营业税行为的纳税人填写。2.按规定只需办理一般登记的建筑业纳税人，只需填写此表；如有一般登记以外的项目，则对该项目部分填写“营业税、城市维护建设税、教育费附加、文化事业建设费申报表”和相关附表。3.项目编码：建筑业纳税人填写办理建筑业一般登记时产生的施工方项目编码；销售不动产纳税人填写办理房地产项目登记时产生的项目编码。4.纳税人承接多个项目的，应按照项目编码，单独逐一填报本表。5.第2栏“应税收入”：纳税人提供建筑业劳务(不含装饰劳务)的，其营业额(即应税收入)应当包括工程所用原材料、设备及其他物资和动力价款在内(包括建设方提供材料)，但不包括建设单位提供的设备价款；纳税人提供装饰劳务或销售不动产的，其营业额(即应税收入)为纳税人收取的全部价款和价外费用；纳税人销售自产货物的同时提供建筑业劳务的，应分别核算其货物的销售额和建筑业劳务的营业额并根据其货物的销售额计算缴纳增值税；根据其建筑业劳务的营业额计算缴纳营业税。未分别核算的由主管税务机关分别核定其货物的销售额和建筑业劳务的营业额。6.第4栏“其中：建设方提供的材料金额”：指应税收入中建设方提供的材料金额。销售不动产纳税人不需填写此栏数据。7.第5栏“上期未减除金额”：按上期该表“本期未减除金额”栏金额填写。8.第6栏“本期发生减除金额”：填写本期实际取得的合法有效减除凭证上开具的金额。9.第7栏“本期实际减除金额”：填写本期实际减除的项目金额，当第3栏大于第5栏与第6栏合计金额时，按第5栏与第6栏合计金额填写；当第3栏小于等于第5栏与第6栏合计金额时，按第3栏金额填写。10.第9栏“应税营业额(计征金额)”：应税营业额填写营业税计税依据；计征金额填写城市维护建设税、教育费附加、地方教育附加、印花税的计征依据。11.第13栏“已缴税款”：填写前期多缴税款和本期已缴税款之和。

3.6.3 企业所得税月（季）度预缴纳税申报表

中华人民共和国

企业所得税月(季)度预缴纳税申报表(A类,2014年版)

税款所属期间：　年　月　日至　　年　月　日

纳税人识别号:□□□□□□□□□□□□□□□□□□□□

纳税人名称:　　　　　　　　　　　　　　　　　　　　金额单位:人民币元(列至角分)

行次	项　　目		本期金额	累计金额
1	一、按照实际利润额预缴			
2	营业收入			
3	营业成本			
4	利润总额			
5	加:特定业务计算的应纳税所得额			
6	减:不征税收入			
7	免税收入			
8	减征、免征应纳税所得额			
9	弥补以前年度亏损			
10	实际利润额(4+5−6−7−8−9)			
11	税率(25%)			
12	应纳所得税额			
13	减:减免所得税额			
14	其中:符合条件的小型微利企业减免所得税额			
15	减:实际已预缴所得税额		—	
16	减:特定业务预缴(征)所得税额			
17	应补(退)所得税额(12−13−15−16)		—	
18	减:以前年度多缴在本期抵缴所得税额			
19	本月(季)实际应补(退)所得税额		—	
20	二、按照上一纳税年度应纳税所得额平均额预缴			
21	上一纳税年度应纳税所得额		—	
22	本月(季)应纳税所得额(21×1/4或1/12)			
23	税率(25%)			
24	本月(季)应纳所得税额(22×23)			
25	减:符合条件的小型微利企业减免所得税额			
26	本月(季)实际应纳所得税额(24−25)			
27	三、按照税务机关确定的其他方法预缴			
28	本月(季)税务机关确定的预缴所得税额			
29	总分机构纳税人			
30	总机构	总机构分摊所得税额(19或26或28×总机构分摊预缴比例)		
31	总机构	财政集中分配所得税额		
32	总机构	分支机构分摊所得税额(19或26或28×分支机构分摊比例)		
33	总机构	其中:总机构独立生产经营部门应分摊所得税额		
34	分支机构	分配比例		
35	分支机构	分配所得税额		

谨声明:此纳税申报表是根据《中华人民共和国企业所得税法》、《中华人民共和国企业所得税法实施条例》和国家有关税收规定填报的,是真实的、可靠的、完整的。

法定代表人(签字):　　年　月　日

纳税人公章:	代理申报中介机构公章:	主管税务机关受理专用章:
会计主管:	经办人:	受理人:
填表日期:　　年　月　日	经办人执业证件号码:	受理日期:　　年　月　日
	代理申报日期:　年　月　日	

国家税务总局监制

填报说明：

1.适用范围

本表适用于实行查账征收企业所得税的居民纳税人在月（季）度预缴企业所得税时使用。跨地区经营汇总纳税企业的分支机构年度汇算清缴申报适用本表。

2.表头项目

（1）“税款所属期间”：为税款所属期月（季）度第一日至所属期月（季）度最后一日。

年度中间开业的纳税人，“税款所属期间”为当月(季)开始经营之日至所属月（季）度的最后一日。次月(季)度起按正常情况填报。

（2）“纳税人识别号”：填报税务机关核发的税务登记证号码（15位）。

（3）“纳税人名称”：填报税务机关核发的税务登记证记载的纳税人全称。

3.各列次的填报

（1）第一部分，按照实际利润额预缴税款的纳税人，填报第2行至第19行。其中：第2行至第19行的“本期金额”列，填报所属月（季）度第一日至最后一日的数据；第2行至第19行的“累计金额”列，填报所属年度1月1日至所属月（季）度最后一日的累计数额。

（2）第二部分，按照上一纳税年度应纳税所得额平均额预缴税款的纳税人，填报第21行至第26行。其中：第21行至第26行的“本期金额”列，填报所属月（季）度第一日至最后一日的数据；第21行至第26行的“累计金额”列，填报所属年度1月1日至所属月（季）度最后一日的累计数额。

（3）第三部分，按照税务机关确定的其他方法预缴的纳税人，填报第28行。其中：“本期金额”列，填报所属月（季）度第一日至最后一日的数额；“累计金额”列，填报所属年度1月1日至所属月（季）度最后一日的累计数额。

4.各行次的填报

（1）第1行至第28行，纳税人根据其预缴申报方式分别填报。实行“按照实际利润额预缴”的纳税人填报第2行至第19行。实行“按照上一纳税年度应纳税所得额平均额预缴”的纳税人填报第21行至第26行。实行“按照税务机关确定的其他方法预缴”的纳税人填报第28行。

（2）第29行至第35行，由跨地区经营汇总纳税企业（以下简称汇总纳税企业）填报。其中：汇总纳税企业的总机构在填报第1行至第28行的基础上，填报第30行至第33行。汇总纳税企业的二级分支机构只填报本表第32行、第34行、第35行。

5.具体项目填报说明

（1）按实际利润额预缴。

①第2行“营业收入”：填报按照企业会计制度、企业会计准则等国家会计规定核算的营业收入。本行主要列示纳税人营业收入数额,不参与计算。

②第3行“营业成本”：填报按照企业会计制度、企业会计准则等国家会计规定核算的营业成本。本行主要列示纳税人营业成本数额,不参与计算。

③第4行“利润总额”：填报按照企业会计制度、企业会计准则等国家会计规定核算的利润总额。本行数据与利润表列示的利润总额一致。

④第5行“特定业务计算的应纳税所得额”：从事房地产开发等特定业务的纳税人，

填报按照税收规定计算的特定业务的应纳税所得额。房地产开发企业销售未完工开发产品取得的预售收入，按照税收规定的预计计税毛利率计算的预计毛利额填入此行。

⑤第6行“不征税收入”：填报计入利润总额但属于税收规定不征税的财政拨款、依法收取并纳入财政管理的行政事业性收费以及政府性基金和国务院规定的其他不征税收入。

⑥第7行“免税收入”：填报计入利润总额但属于税收规定免税的收入或收益。如符合条件的居民企业之间的股息收入、国库券利息收入等。

⑦第8行“减征、免征应纳税所得额”：填报按照税收规定，允许在月（季）度预缴税款时享受优惠政策的减征、免征、减计收入、加计扣除的应纳税所得额。

⑧第9行“弥补以前年度亏损”：填报按照税收规定可在企业所得税前弥补的以前年度尚未弥补的亏损额。

⑨第10行“实际利润额”：根据本表相关行次计算结果填报。第10行=第4行+5行-6行-7行-8行-9行。

⑩第11行“税率（25%）”：填报《企业所得税法》规定税率25%。

⑪第12行“应纳所得税额”：根据相关行次计算结果填报。第12行=第10行×11行，且第12行≥0。跨地区经营汇总纳税企业总机构和分支机构适用不同税率时，第12行≠第10行×11行。

⑫第13行“减免所得税额”：填报按照税收规定，当期实际享受的减免所得税额。

⑬第14行“其中：符合条件的小型微利企业减免所得税额”：填报按照税收规定符合条件的小型微利企业可享受的减免税。

上一纳税年度应纳税所得额低于10万元（含10万元）的小型微利企业，预缴时累计实际利润额不超过10万元的，填报本表第10行“实际利润额”与15%的乘积。13行≤第12行。

上一纳税年度应纳税所得额低于10万元（含10万元）的小型微利企业，预缴时累计实际利润额超过10万元但不超过30万元的，以及上一纳税年度应纳税所得额超过10万元但不超过30万元的小型微利企业，填报本表第10行“实际利润额”与5%的乘积。第13行≤第12行。

⑭第15行“实际已预缴所得税额”：填报纳税人本年度累计已预缴的企业所得税额，“本期金额”列不填写。

⑮第16行“特定业务预缴（征）所得税额”：填报按照税收规定的特定业务已预缴（征）的所得税额，建筑企业总机构直接管理的跨地区设立的项目部，按规定向项目所在地主管税务机关预缴的企业所得税填入此行。

⑯第17行“应补（退）所得税额”：根据本表相关行次计算填报。第17行“累计金额”列=第12-13-15-16行，且第17行≤0时，填0；“本期金额”列不填。

⑰第18行“以前年度多缴在本期抵缴所得税额”：填报以前年度多缴的企业所得税税款未办理退税，在本纳税年度抵缴的所得税额。

⑱第19行“本月（季）实际应补（退）所得税额”：根据相关行次计算填报。第19行“累计金额”列=第17-18行，且第19行≤0时，填0，“本期金额”列不填。

（2）按照上一年度应纳税所得额平均额预缴。

①第21行“上一纳税年度应纳税所得额”：填报上一纳税年度申报的应纳税所得额。“本期金额”列不填。

②第22行“本月（季）应纳税所得额”：根据相关行次计算填报。

按月度预缴的纳税人：第22行=第21行×1/12。

按季度预缴的纳税人：第22行=第21行×1/4。

③第23行“税率（25%）”：填报《企业所得税法》规定的25%税率。

④第24行“本月（季）应纳所得税额”：根据本表相关行次计算填报。第24行=第22×23行。

⑤第25行“符合条件的小型微利企业减免所得税额”：填报按照税收规定符合条件的小型微利企业可享受的减免税，上一纳税年度应纳税所得额低于10万元（含10万元）的小型微利企业，填报本表第22行“本月（季）应纳税所得额”与15%的乘积；上一纳税年度应纳税所得额超过10万元但不超过30万元的小型微利企业，填报本表第22行“本月（季）应纳税所得额”与5%的乘积。

⑥第26行“本月（季）实际应纳所得税额”：根据相关行次计算填报。第25行=第24-25行。

（3）按照税务机关确定的其他方法预缴。

第28行“本月（季）税务机关确定的预缴所得税额”：填报税务机关认可的其他方法确定的本月（季）度应缴纳所得税额。

（4）总分机构纳税人有关项目的填报。

①第30行“总机构应分摊所得税额”：汇总纳税企业的总机构，以本表（第1行至第28行）本月（季）度预缴所得税额为基数，按总机构应当分摊的预缴比例计算出的本期预缴所得税额填报，并按预缴方式不同分别计算：

“按实际利润额预缴”的汇总纳税企业的总机构：第19行×总机构应分摊预缴比例。

“按照上一纳税年度应纳税所得额的平均额预缴”的汇总纳税企业的总机构：第26行×总机构应分摊预缴比例。

“按照税务机关确定的其他方法预缴”的汇总纳税企业的总机构：第28行×总机构应分摊预缴比例。

上述计算公式中的“总机构分摊预缴比例”：跨地区经营汇总纳税企业，总机构分摊的预缴比例填报25%；省内经营的汇总纳税企业，总机构应分摊的预缴比例按各省级税务机关规定填报。

②第31行“财政集中分配所得税额”：汇总纳税企业的总机构，以本表（第1行至第28行）本月（季）度预缴所得税额为基数，按财政集中分配的预缴比例计算出的本期预缴所得税额填报，并按预缴方式不同分别计算：

“按实际利润额预缴”的汇总纳税企业的总机构：第19行×财政集中分配预缴比例。

“按照上一纳税年度应纳税所得额的平均额预缴”的汇总纳税企业的总机构：第26行×财政集中分配预缴比例。

“按照税务机关确定的其他方法预缴”的汇总纳税企业的总机构：第28行×财政集中分配预缴比例。

跨地区经营的汇总纳税企业，中央财政集中分配的预缴比例填报25%；省内经营的汇总纳税企业，财政集中分配的预缴比例按各省级税务机关规定填报。

③第32行“分支机构应分摊所得税额”：汇总纳税企业的总机构，以本表（第1行至第28行）本月（季）度预缴所得税额为基数，按分支机构应分摊的预缴比例计算出的本期预缴所得税额填报，并按不同预缴方式分别计算：

“按实际利润额预缴”的汇总纳税企业的总机构：第19行×分支机构应分摊预缴比例。

“按照上一纳税年度应纳税所得额平均额预缴”的汇总纳税企业的总机构：第26行×分支机构应分摊预缴比例。

“按照税务机关确定的其他方法预缴”的汇总纳税企业的总机构：第28行×分支机构应分摊预缴比例。

上述计算公式中“分支机构应分摊预缴比例”：跨地区经营汇总纳税企业，分支机构应分摊的预缴比例填报50%；省内经营的汇总纳税企业，分支机构应分摊的预缴比例按各省级税务机关规定执行填报。

分支机构根据“中华人民共和国企业所得税汇总纳税分支机构所得税分配表(2014年版)”中的“分支机构分摊所得税额”填写本行。

④第33行“其中：总机构独立生产经营部门应分摊所得税额”：填报汇总纳税企业的总机构，设立的具有主体生产经营职能且按规定视同二级分支机构的部门，所应分摊的本期预缴所得税额。

⑤第34行“分配比例”：填报汇总纳税企业的分支机构依据“中华人民共和国企业所得税汇总纳税分支机构所得税分配表(2014年版)”中确定的分配比例。

⑥第35行“分配所得税额”：填报汇总纳税企业的分支机构按分配比例计算应预缴或汇算清缴的所得税额。第35行=第32×34行。

6.表内表间关系

（1）表内关系。

①第10行=第4+5−6−7−8−9行。

②第12行=第10×11行。当汇总纳税企业的总机构和分支机构适用不同税率时，第12行≠第10×11行。

③第17行=第12−13−15−16行，且第17行≤0时，填0。

④第24行=第22×23行。

⑤第26行=第24−25行。

⑥第30行=第17行或26行或28行×规定比例。

⑦第31行=第17行或26行或28行×规定比例。

⑧第32行=第17行或26行或28行×规定比例。

（2）表间关系。

①第32行=“中华人民共和国企业所得税汇总纳税分支机构所得税分配表(2014年版)”中的“分支机构分摊所得税额”。

②第34、35行=“中华人民共和国企业所得税汇总纳税分支机构所得税分配表(2014年版)”中所对应行次中的“分配比例”、“分配所得税额”列。

中华人民共和国企业所得税月(季)度和年度纳税申报表(B类,2014年版)

税款所属期间:　　年　月　日至　　年　月　日

纳税人识别号:□□□□□□□□□□□□□□□□□□□□

纳税人名称:　　　　　　　　　　　　　　　　　　　金额单位:人民币元(列至角分)

项　目			行次	累计金额
一、以下由按应税所得率计算应纳所得税额的企业填报				
应纳税所得额的计算	按收入总额核定应纳税所得额	收入总额	1	
		减:不征税收入	2	
		免税收入	3	
		应税收入额(1-2-3)	4	
		税务机关核定的应税所得率(%)	5	
		应纳税所得额(4×5)	6	
	按成本费用核定应纳税所得额	成本费用总额	7	
		税务机关核定的应税所得率(%)	8	
		应纳税所得额[7÷(1-8)×8]	9	
应纳所得税额的计算		税率(25%)	10	
		应纳所得税额(6×10或9×10)	11	
应补(退)所得税额的计算		减:符合条件的小型微利企业减免所得税额	12	
		已预缴所得税额	13	
		应补(退)所得税额(11-12-13)	14	
二、以下由税务机关核定应纳所得税额的企业填报				
税务机关核定应纳所得税额			15	

谨声明:此纳税申报表是根据《中华人民共和国企业所得税法》、《中华人民共和国企业所得税法实施条例》和国家有关税收规定填报的,是真实的、可靠的、完整的。

法定代表人(签字):　　年　月　日

纳税人公章:	代理申报中介机构公章:	主管税务机关受理专用章:
会计主管:	经办人:	受理人:
填表日期:　年　月　日	经办人执业证件号码:	受理日期:　年　月　日
	代理申报日期:　年　月　日	

国家税务总局监制

填报说明：

1.适用范围

本表由实行核定征收企业所得税的纳税人在月(季)度申报缴纳企业所得税时使用。实行核定应税所得率方式的纳税人，年度汇算清缴使用本表。

2.表头项目

（1）“税款所属期间”：为税款所属期月（季）度第一日至所属期月（季）度最后一日。

年度中间开业的，“税款所属期间”为当月(季)开始经营之日至所属月（季）度的最后一日。次月(季)度起按正常情况填报。

（2）“纳税人识别号”：填报税务机关核发的税务登记证件号码（15位）。

（3）“纳税人名称”：填报税务机关核发的税务登记证件中的纳税人全称。

3.具体项目填报说明

（1）应纳税所得额的计算。

①本表第1行至第6行由“按收入总额核定应纳税所得额”的纳税人填写。第1行“收入总额”：填写本年度累计取得的各项收入金额。

②第2行“不征税收入”：填报纳税人计入收入总额但属于税收规定不征税的财政拨款、依法收取并纳入财政管理的行政事业性收费以及政府性基金和国务院规定的其他不征税收入。

③第3行“免税收入”：填报纳税人计入利润总额但属于税收规定免税的收入或收益。

④第4行“应税收入额”：根据相关行次计算填报。第4行=第1-2-3行。

⑤第5行“税务机关核定的应税所得率”：填报税务机关核定的应税所得率。

⑥第6行“应纳税所得额”：根据相关行计算填报。第6行=第4×5行。

⑦本表第7行至第9行由“按成本费用核定应纳税所得额”的纳税人填报。第7行“成本费用总额”：填写本年度累计发生的各项成本费用金额。

⑧第8行“税务机关核定的应税所得率”：填报税务机关核定的应税所得率。

⑨第9行“应纳税所得额”：根据相关行次计算填报。第9行=第7行÷（1-第8行“应税所得率”）×第8行。

（2）应纳所得税额的计算。

①第10行“税率”：填写《企业所得税法》规定的25%税率。

②第11行“应纳所得税额”：

按照收入总额核定应纳税所得额的纳税人，第11行=第6×10行。

按照成本费用核定应纳税所得额的纳税人，第11行=第9×10行。

（3）应补（退）所得税额的计算。

①第12行“符合条件的小型微利企业减免所得税额”：填报按照税收规定符合条件的小型微利企业可享受的减免税。上一纳税年度应纳税所得额低于10万元（含10万元），预缴时累计应纳税所得额不超过10万元的，填报本表第6行或第9行“应纳税所得额”与15%的乘积；上一纳税年度应纳税所得额低于10万元（含10万元），预缴时累计应纳税所得额超过10万元但不超过30万元的，以及上一纳税年度应纳税所得额超过10万元但不超过30万元的，填报本表第6行或第9行“应纳税所得额”与5%的乘积。

②第13行“已预缴所得税额”：填报当年累计已预缴的企业所得税额。

③第14行“应补（退）所得税额”：根据相关行计算填报。第14行=第11-12-13行。当第14行≤0时，本行填0。

（4）由税务机关核定应纳所得税额的企业填报。

第15行“税务机关核定应纳所得税额”：填报税务机关核定本期应当缴纳的所得税额（小型微利企业减免税额核减后的数额）。

4.表内表间关系

（1）第4行=第1-2-3行。

（2）第6行=第4×5行。

（3）第9行=第7行÷（1-第8行）×8行。

（4）第11行=第6行（或第9行）×10行。

（5）第14行=第11-12-13行。当第14行≤0时，本行填0。

3.6.4　企业所得税年度纳税申报表（A类）

中华人民共和国企业所得税年度纳税申报表（A类，2014年版）

税款所属期间：　年　月　日至　年　月　日

纳税人识别号：□□□□□□□□□□□□□□□□□□□□

纳税人名称：　　　　　　　　　　　　　　　　金额单位：人民币元（列至角分）

<table>
<tr><td colspan="3">谨声明：此纳税申报表是根据《中华人民共和国企业所得税法》、《中华人民共和国企业所得税法实施条例》、有关税收政策以及国家统一会计制度的规定填报的，是真实的、可靠的、完整的。
法定代表人（签章）：　　　　　　　　年　月　日</td></tr>
<tr><td>纳税人公章：
会计主管：

填表日期：　年　月　日</td><td>代理申报中介机构公章：
经办人：
经办人执业证件号码：
代理申报日期：　年　月　日</td><td>主管税务机关受理专用章：
受理人：

受理日期：　年　月　日</td></tr>
</table>

封面填报说明：

中华人民共和国企业所得税年度纳税申报表（A类，2014年版）（以下简称申报表）适用于实行查账征收企业所得税的居民纳税人（以下简称纳税人）填报。有关项目填报说明如下：

（1）“税款所属期间”：正常经营的纳税人，填报公历当年1月1日至12月31日；纳税人年度中间开业的，填报实际生产经营之日至当年12月31日；纳税人年度中间发生合并、分立、破产、停业等情况的，填报公历当年1月1日至实际停业或法院裁定并宣告破产之日；纳税人年度中间开业且年度中间又发生合并、分立、破产、停业等情况的，填报实际生产经营之日至实际停业或法院裁定并宣告破产之日。

（2）“纳税人识别号”：填报税务机关统一核发的税务登记证号码。

（3）“纳税人名称”：填报税务登记证所载纳税人的全称。

（4）“填报日期”：填报纳税人申报当日日期。

（5）纳税人聘请中介机构代理申报的，加盖代理申报中介机构公章，并填报经办人及其执业证件号码等；没有聘请的，填报“无”。

企业所得税年度纳税申报表填报表单

表单编号	表单名称	选择填报情况	
		填报	不填报
A000000	企业基础信息表	√	×
A100000	中华人民共和国企业所得税年度纳税申报表（A类）	√	×
A101010	一般企业收入明细表	□	□
A101020	金融企业收入明细表	□	□
A102010	一般企业成本支出明细表	□	□
A102020	金融企业支出明细表	□	□
A103000	事业单位、民间非营利组织收入、支出明细表	□	□
A104000	期间费用明细表	□	□
A105000	纳税调整项目明细表	□	□
A105010	视同销售和房地产开发企业特定业务纳税调整明细表	□	□
A105020	未按权责发生制确认收入纳税调整明细表	□	□
A105030	投资收益纳税调整明细表	□	□
A105040	专项用途财政性资金纳税调整明细表	□	□
A105050	职工薪酬纳税调整明细表	□	□
A105060	广告费和业务宣传费跨年度纳税调整明细表	□	□
A105070	捐赠支出纳税调整明细表	□	□
A105080	资产折旧、摊销情况及纳税调整明细表	□	□
A105081	固定资产加速折旧、扣除明细表	□	□
A105090	资产损失税前扣除及纳税调整明细表	□	□
A105091	资产损失（专项申报）税前扣除及纳税调整明细表	□	□
A105100	企业重组纳税调整明细表	□	□
A105110	政策性搬迁纳税调整明细表	□	□
A105120	特殊行业准备金纳税调整明细表	□	□
A106000	企业所得税弥补亏损明细表	□	□
A107010	免税、减计收入及加计扣除优惠明细表	□	□
A107011	符合条件的居民企业之间的股息、红利等权益性投资收益优惠明细表	□	□
A107012	综合利用资源生产产品取得的收入优惠明细表	□	□
A107013	金融、保险等机构取得的涉农利息、保费收入优惠明细表	□	□
A107014	研发费用加计扣除优惠明细表	□	□
A107020	所得减免优惠明细表	□	□
A107030	抵扣应纳税所得额明细表	□	□
A107040	减免所得税优惠明细表	□	□
A107041	高新技术企业优惠情况及明细表	□	□
A107042	软件、集成电路企业优惠情况及明细表	□	□
A107050	税额抵免优惠明细表	□	□
A108000	境外所得税收抵免明细表	□	□
A108010	境外所得纳税调整后所得明细表	□	□
A108020	境外分支机构弥补亏损明细表	□	□
A108030	跨年度结转抵免境外所得税明细表	□	□
A109000	跨地区经营汇总纳税企业年度分摊企业所得税明细表	□	□
A109010	企业所得税汇总纳税分支机构所得税分配表	□	□
说明：企业应当根据实际情况选择需要填制的表单			

填报说明：

本表列示申报表全部表单名称及编号。纳税人在填报申报表之前，请仔细阅读这些表单，并根据企业的涉税业务，选择“填报”或“不填报”。选择“填报”的，需要完成该表格相关内容的填报；选择“不填报”的，可以不填报该表格。对选择“不填报”的表格，可以不上报税务机关。有关项目填报说明如下：

1.企业基础信息表（A000000）

本表为必填表。主要反映纳税人的基本信息，包括纳税人基本信息、主要会计政策、股东结构和对外投资情况等。纳税人填报申报表时，首先填报此表，为后续申报提供指引。

2.中华人民共和国企业所得税年度纳税申报表（A类）（A100000）

本表为必填表，是纳税人计算申报缴纳企业所得税的主表。

3.一般企业收入明细表（A101010）

本表适用于除金融企业、事业单位和民间非营利组织外的企业填报，反映一般企业按照国家统一会计制度规定取得收入的情况。

4.金融企业收入明细表（A101020）

本表仅适用于金融企业（包括商业银行、保险公司、证券公司等金融企业）填报，反映金融企业按照企业会计准则规定取得收入的情况。

5.一般企业成本支出明细表（A102010）

本表适用于除金融企业、事业单位和民间非营利组织外的企业填报，反映一般企业按照国家统一会计制度的规定发生成本费用支出的情况。

6.金融企业支出明细表（A102020）

本表仅适用于金融企业（包括商业银行、保险公司、证券公司等金融企业）填报，反映金融企业按照企业会计准则规定发生成本支出的情况。

7.事业单位、民间非营利组织收入、支出明细表（A103000）

本表适用于事业单位和民间非营利组织填报，反映事业单位、社会团体、民办非企业单位、非营利性组织等按照有关会计制度规定取得收入、发生成本费用支出的情况。

8.期间费用明细表（A104000）

本表由纳税人根据国家统一会计制度规定，填报期间费用明细项目。

9.纳税调整项目明细表（A105000）

本表填报纳税人财务、会计处理办法（以下简称会计处理）与税收法律、行政法规的规定（以下简称税法规定）不一致，需要进行纳税调整的项目和金额。

10.视同销售和房地产开发企业特定业务纳税调整明细表（A105010）

本表填报纳税人发生视同销售行为、房地产企业销售未完工产品、未完工产品转完工产品特定业务，会计处理与税法规定不一致，需要进行纳税调整的项目和金额。

11.未按权责发生制确认收入纳税调整明细表（A105020）

本表填报纳税人发生会计上按照权责发生制确认收入，而税法规定不按照权责发生制确认收入，需要按照税法规定进行纳税调整的项目和金额。

12.投资收益纳税调整明细表（A105030）

本表填报纳税人发生投资收益，会计处理与税法规定不一致，需要进行纳税调整的项目和金额。

13.专项用途财政性资金纳税调整明细表（A105040）

本表填报纳税人发生符合不征税收入条件的专项用途财政性资金，会计处理与税法规定不一致，需要进行纳税调整的金额。

14.职工薪酬纳税调整明细表（A105050）

本表填报纳税人发生的职工薪酬（包括工资薪金、职工福利费、职工教育经费、工会经费、各类基本社会保障性缴款、住房公积金、补充养老保险、补充医疗保险等支出），会计处理与税法规定不一致，需要进行纳税调整的项目和金额。

15.广告费和业务宣传费跨年度纳税调整明细表（A105060）

本表填报纳税人本年发生的广告费和业务宣传费支出，会计处理与税法规定不一致，需要进行纳税调整的金额。

16.捐赠支出纳税调整明细表（A105070）

本表填报纳税人发生捐赠支出，会计处理与税法规定不一致，需要进行纳税调整的项目和金额。

17.资产折旧、摊销情况及纳税调整明细表（A105080）

本表填报纳税人资产折旧、摊销情况及会计处理与税法规定不一致，需要进行纳税调整的项目和金额。

18.固定资产加速折旧、扣除明细表（A105081）

本表填报纳税人符合《财政部 国家税务总局关于完善固定资产加速折旧税收政策有关问题的通知》（财税〔2014〕75号）规定，2014年及以后年度新增固定资产加速折旧及允许一次性计入当期成本费用税前扣除的项目和金额。

19.资产损失税前扣除及纳税调整明细表（A105090）

本表填报纳税人发生资产损失，以及由于会计处理与税法规定不一致，需要进行纳税调整的项目和金额。

20.资产损失（专项申报）税前扣除及纳税调整明细表（A105091）

本表填报纳税人发生的货币资产、非货币资产、投资、其他资产损失，以及由于会计处理与税法规定不一致，需要进行纳税调整的项目和金额。

21.企业重组纳税调整明细表（A105100）

本表填报纳税人发生企业重组涉及的所得或损失，会计处理与税法规定不一致，需要进行纳税调整的项目和金额。

22.政策性搬迁纳税调整明细表（A105110）

本表填报纳税人发生政策性搬迁所涉及的所得或损失，由于会计处理与税法规定不一致，需要进行纳税调整的项目和金额。

23.特殊行业准备金纳税调整明细表（A105120）

本表填报保险公司、证券行业等特殊行业纳税人发生特殊行业准备金，会计处理与税法规定不一致，需要进行纳税调整的项目和金额。

24.企业所得税弥补亏损明细表（A106000）

本表填报纳税人以前年度发生的亏损，需要在本年度结转弥补的金额，本年度可弥补的金额以及可继续结转以后年度弥补的亏损额。

25.免税、减计收入及加计扣除优惠明细表（A107010）

本表填报纳税人本年度所享受免税收入、减计收入、加计扣除等优惠的项目和金额。

26.符合条件的居民企业之间的股息、红利等权益性投资收益优惠明细表（A107011）

本表填报纳税人本年度享受居民企业之间的股息、红利等权益性投资收益免税项目和金额。

27.综合利用资源生产产品取得的收入优惠明细表（A107012）

本表填报纳税人本年度发生的综合利用资源生产产品取得的收入减计收入的项目和金额。

28.金融、保险等机构取得的涉农利息、保费收入优惠明细表（A107013）

本表填报纳税人本年度发生的金融、保险等机构取得的涉农利息、保费收入减计收入项目和金额。

29.研发费用加计扣除优惠明细表（A107014）

本表填报纳税人本年度享受研发费加计扣除情况和金额。

30.所得减免优惠明细表（A107020）

本表填报纳税人本年度享受减免所得额（包括农、林、牧、渔项目和国家重点扶持的公共基础设施项目、环境保护、节能节水项目以及符合条件的技术转让项目等）的项目和金额。

31.抵扣应纳税所得额明细表（A107030）

本表填报纳税人本年度享受创业投资企业抵扣应纳税所得额优惠金额。

32.减免所得税优惠明细表（A107040）

本表填报纳税人本年度享受减免所得税（包括小微企业、高新技术企业、民族自治地方企业、其他专项优惠等）的项目和金额。

33.高新技术企业优惠情况及明细表（A107041）

本表填报纳税人本年度享受高新技术企业优惠的情况和金额。

34.软件、集成电路企业优惠情况及明细表（A107042）

本表填报纳税人本年度享受软件、集成电路企业优惠的情况和金额。

35.税额抵免优惠明细表（A107050）

本表填报纳税人本年度享受购买专用设备投资额抵免税额情况和金额。

36.境外所得税收抵免明细表（A108000）

本表填报纳税人本年度来源于或发生于不同国家、地区的所得，按照我国税法规定计算应缴纳和应抵免的企业所得税额。

37.境外所得纳税调整后所得明细表（A108010）

本表填报纳税人本年度来源于或发生于不同国家、地区的所得，按照我国税法规定计算调整后的所得。

38.境外分支机构弥补亏损明细表（A108020）

本表填报纳税人境外分支机构本年度及以前年度发生的税前尚未弥补的非实际亏损额

和实际亏损额、结转以后年度弥补的非实际亏损额和实际亏损额。

39.跨年度结转抵免境外所得税明细表（A108030）

本表填报纳税人本年度发生的来源于不同国家或地区的境外所得按照我国税收法律、法规的规定可以抵免的所得税额。

40.跨地区经营汇总纳税企业年度分摊企业所得税明细表（A109000）

本表填报跨地区经营汇总纳税企业总机构，按规定计算总分机构每一纳税年度应缴的企业所得税，总、分机构应分摊的企业所得税。

41.企业所得税汇总纳税分支机构所得税分配表（A109010）

本表填报总机构所属年度实际应纳所得税额以及所属分支机构在所属年度应分摊的所得税额。

A000000

企业基础信息表

<table>
<tr><td colspan="2">正常申报□</td><td>更正申报□</td><td>补充申报□</td></tr>
<tr><td colspan="4">100基本信息</td></tr>
<tr><td>101汇总纳税企业</td><td colspan="3">是（总机构□　按比例缴纳总机构□）　否□</td></tr>
<tr><td>102注册资本（万元）</td><td></td><td>106境外中资控股居民企业</td><td>是□　否□</td></tr>
<tr><td>103所属行业明细代码</td><td></td><td>107从事国家非限制和禁止行业</td><td>是□　否□</td></tr>
<tr><td>104从业人数</td><td></td><td>108存在境外关联交易</td><td>是□　否□</td></tr>
<tr><td>105资产总额（万元）</td><td></td><td>109上市公司</td><td>是（境内□ 境外□）　否□</td></tr>
<tr><td colspan="4">200主要会计政策和估计</td></tr>
<tr><td>201适用的会计准则或会计制度</td><td colspan="3">企业会计准则(一般企业□ 银行□ 证券□ 保险□ 担保□)
小企业会计准则□
企业会计制度□
事业单位会计准则(事业单位会计制度□ 科学事业单位会计制度□ 医院会计制度□ 高等学校会计制度□ 中小学校会计制度□ 彩票机构会计制度□)
民间非营利组织会计制度□
村集体经济组织会计制度□
农民专业合作社财务会计制度（试行）□
其他□</td></tr>
<tr><td>202会计档案存放地</td><td></td><td>203会计核算软件</td><td></td></tr>
<tr><td>204记账本位币</td><td>人民币□ 其他□</td><td>205会计政策和估计是否发生变化</td><td>是□　否□</td></tr>
<tr><td>206固定资产折旧方法</td><td colspan="3">年限平均法□ 工作量法□ 双倍余额递减法□ 年数总和法□ 其他□</td></tr>
<tr><td>207存货成本计价方法</td><td colspan="3">先进先出法□ 移动加权平均法□ 月末一次加权平均法□
个别计价法□ 毛利率法□ 零售价法□ 计划成本法□ 其他□</td></tr>
<tr><td>208坏账损失核算方法</td><td colspan="3">备抵法□　直接核销法□</td></tr>
</table>

续表

209所得税会计核算方法	应付税款法□ 资产负债表债务法□ 其他□				
300企业主要股东及对外投资情况					
301企业主要股东（前5位）					
股东名称	证件种类	证件号码	经济性质	投资比例	国籍（注册地址）
302对外投资（前5位）					
被投资者名称	纳税人识别号	经济性质	投资比例	投资金额	注册地址

填报说明：

纳税人在填报申报表前，首先填报基础信息表，从而为后续申报提供指引。基础信息表的主要内容包括表头、基本信息、主要会计政策和估计、企业主要股东及对外投资情况等部分。有关项目填报说明如下：

（1）纳税人根据具体情况选择“正常申报”、“更正申报”或“补充申报”。

正常申报：申报期内，纳税人第一次年度申报为“正常申报”；

更正申报：申报期内，纳税人对已申报内容进行更正申报的为“更正申报”；

补充申报：申报期后，由于纳税人自查、主管税务机关评估等发现以前年度申报有误而更改申报为“补充申报”。

（2）“101汇总纳税企业”：纳税人根据情况选择。纳税人为《国家税务总局关于印发<跨地区经营汇总纳税企业所得税征收管理办法>的公告》（国家税务总局公告2012第57号）规定的跨地区经营企业总机构的，选择“总机构”，选择的纳税人需填报表A109000和A109010；纳税人根据相关政策规定按比例缴纳的总机构，选择“按比例缴纳总机构”；其他纳税人选择“否”。

（3）“102注册资本（万元）”：填报全体股东或发起人在公司登记机关依法登记的出资或认缴的股本金额。

（4）“103所属行业明细代码”：根据《国民经济行业分类》（GB/4754—2011）标准填报纳税人的行业代码。如所属行业代码为7010的房地产开发经营企业，可以填报表A105010中第21至29行；所属行业代码为06××至50××，小型微利企业优惠判断为工业企业；所属行业代码为66××的银行业、67××的证券和资本投资、68××的保险业，填报表A101020、A102020。

（5）“104从业人数”：填报纳税人全年平均从业人数，从业人数是指与企业建立劳动关系的职工人数和企业接受的劳务派遣用工人数之和。从业人数指标，按企业全年月平均值确定，具体计算公式如下：

月平均值＝（月初值＋月末值）÷2

全年月平均值＝全年各月平均值之和÷12

全年从业人数＝月平均值×12

年度中间开业或者终止经营活动的，以其实际经营期作为一个纳税年度确定上述相关指标。

（6）“105资产总额（万元）”：填报纳税人全年资产总额平均数，依据和计算方法同“从业人数”口径，资产总额单位为万元，小数点后保留2位小数。

（7）“106境外中资控股居民企业”：根据《国家税务总局关于境外注册中资控股企业依据实际管理机构标准认定为居民企业有关问题的通知》（国税发〔2009〕82号）规定，境外中资控股企业被税务机关认定为实际管理机构在中国境内的居民企业选择“是”，其他选择“否”。

（8）“107从事国家非限制和禁止行业”：纳税人从事国家非限制和禁止行业，选择“是”，其他选择“否”。

（9）“108存在境外关联交易”：纳税人存在境外关联交易，选择“是”，不存在选择“否”。

（10）“109上市公司”：纳税人根据情况，在境内上市的选择“境内”；在境外（含中国香港）上市的选择“境外”；其他选择“否”。

（11）“201适用的会计准则或会计制度”：纳税人根据采用的会计准则或会计制度选择。

（12）“202会计档案存放地”：填报会计档案的存放地。

（13）“203会计核算软件”：填报会计电算化系统的会计核算软件，如ERP。

（14）“204记账本位币”：纳税人根据实际情况选择人民币或者其他币种。

（15）“205会计政策和估计是否发生变化”：纳税人本年会计政策和估计与上年度发生变更的选择“是”，未发生的选择“否”。

（16）“206固定资产折旧方法”：纳税人根据实际情况选择，可选择多项。

（17）“207存货成本计价方法”：纳税人根据实际情况选择，可选择多项。

（18）“208坏账损失核算方法”：纳税人根据实际情况选择。

（19）“209所得税会计核算方法”：纳税人根据实际情况选择。

（20）“301企业主要股东（前5位）”，填报本企业投资比例前5位的股东情况，包括股东名称，证件种类（税务登记证、组织机构代码证、身份证、护照等），证件号码（纳税人识别号、组织机构代码号、身份证号、护照号等），经济性质（单位投资的，按其登记注册类型填报；个人投资的，填报自然人），投资比例，国籍（注册地址）。

国外非居民企业证件种类和证件号码可不填写。

（21）“302对外投资（前5位）”，填报本企业对境内投资金额前5位的投资情况，包括被投资者名称、纳税人识别号、经济性质、投资比例、投资金额、注册地址。

A100000

中华人民共和国企业所得税年度纳税申报表（A类）

行次	类别	项　目	金　额
1	利润总额计算	一、营业收入(填写A101010\101020\103000)	
2		减：营业成本(填写A102010\102020\103000)	
3		营业税金及附加	
4		销售费用(填写A104000)	
5		管理费用(填写A104000)	
6		财务费用(填写A104000)	
7		资产减值损失	
8		加：公允价值变动收益	
9		投资收益	
10		二、营业利润(1-2-3-4-5-6-7+8+9)	
11		加：营业外收入(填写A101010\101020\103000)	
12		减：营业外支出(填写A102010\102020\103000)	
13		三、利润总额（10+11-12）	
14	应纳税所得额计算	减：境外所得（填写A108010）	
15		加：纳税调整增加额（填写A105000）	
16		减：纳税调整减少额（填写A105000）	
17		减：免税、减计收入及加计扣除（填写A107010）	
18		加：境外应税所得抵减境内亏损（填写A108000）	
19		四、纳税调整后所得（13-14+15-16-17+18）	
20		减：所得减免（填写A107020）	
21		减：抵扣应纳税所得额（填写A107030）	
22		减：弥补以前年度亏损（填写A106000）	
23		五、应纳税所得额（19-20-21-22）	
24	应纳税额计算	税率（25%）	
25		六、应纳所得税额（23×24）	
26		减：减免所得税额（填写A107040）	
27		减：抵免所得税额（填写A107050）	
28		七、应纳税额（25-26-27）	
29		加：境外所得应纳所得税额（填写A108000）	
30		减：境外所得抵免所得税额（填写A108000）	
31		八、实际应纳所得税额（28+29-30）	
32		减：本年累计实际已预缴的所得税额	
33		九、本年应补（退）所得税额（31-32）	
34		其中：总机构分摊本年应补（退）所得税额(填写A109000)	
35		财政集中分配本年应补（退）所得税额（填写A109000）	
36		总机构主体生产经营部门分摊本年应补（退）所得税额(填写A109000)	
37	附列资料	以前年度多缴的所得税额在本年抵减额	
38		以前年度应缴未缴在本年入库所得税额	

填报说明：

本表为年度纳税申报表主表，企业应该根据《中华人民共和国企业所得税法》及其实施条例（以下简称税法）、相关税收政策，以及国家统一会计制度（企业会计准则、小企业会计准则、企业会计制度、事业单位会计准则和民间非营利组织会计制度等）的规定，计算填报纳税人利润总额、应纳税所得额、应纳税额和附列资料等有关项目。

企业在计算应纳税所得额及应纳所得税时，企业财务、会计处理办法与税法规定不一致的，应当按照税法规定计算。税法规定不明确的，在没有明确规定之前，暂按企业财务、会计规定计算。

1.有关项目填报说明

（1）表体项目。

本表是在纳税人会计利润总额的基础上，加减纳税调整等金额后计算出“纳税调整后所得”（应纳税所得额）。会计与税法的差异（包括收入类、扣除类、资产类等差异）通过“纳税调整项目明细表”(A105000）集中填报。

本表包括利润总额计算、应纳税所得额计算、应纳税额计算、附列资料四个部分。

①“利润总额计算”中的项目，按照国家统一会计制度口径计算填报。实行企业会计准则、小企业会计准则、企业会计制度、分行业会计制度纳税人其数据直接取自利润表；实行事业单位会计准则的纳税人其数据取自收入支出表；实行民间非营利组织会计制度纳税人其数据取自业务活动表；实行其他国家统一会计制度的纳税人，根据本表项目进行分析填报。

②“应纳税所得额计算”和“应纳税额计算”中的项目，除根据主表逻辑关系计算外，还应通过附表相应栏次填报。

（2）行次说明。

第1行至第13行参照企业会计准则利润表的说明编写。

①第1行“营业收入”：填报纳税人主要经营业务和其他经营业务取得的收入总额。本行根据“主营业务收入”和“其他业务收入”的数额填报。一般企业纳税人通过“一般企业收入明细表”（A101010）填报；金融企业纳税人通过“金融企业收入明细表”(A101020)填报；事业单位、社会团体、民办非企业单位、非营利组织等纳税人通过“事业单位、民间非营利组织收入、支出明细表”(A103000)填报。

②第2行“营业成本”项目：填报纳税人主要经营业务和其他经营业务发生的成本总额。本行根据“主营业务成本”和“其他业务成本”的数额填报。一般企业纳税人通过“一般企业成本支出明细表”(A102010)填报；金融企业纳税人通过“金融企业支出明细表”(A102020)填报；事业单位、社会团体、民办非企业单位、非营利组织等纳税人，通过“事业单位、民间非营利组织收入、支出明细表”(A103000)填报。

③第3行“营业税金及附加”：填报纳税人经营活动发生的营业税、消费税、城市维护建设税、资源税、土地增值税和教育费附加等相关税费。本行根据纳税人的相关会计科目填报。纳税人在其他会计科目核算的本行不得重复填报。

④第4行“销售费用”：填报纳税人在销售商品和材料、提供劳务的过程中发生的各种费用。本行通过“期间费用明细表”（A104000）中对应的“销售费用”填报。

⑤第5行“管理费用”：填报纳税人为组织和管理企业生产经营发生的管理费用。本行通过“期间费用明细表”（A104000）中对应的“管理费用”填报。

⑥第6行“财务费用”：填报纳税人为筹集生产经营所需资金等发生的筹资费用。本行通过“期间费用明细表”（A104000）中对应的“财务费用”填报。

⑦第7行“资产减值损失”：填报纳税人计提各项资产准备发生的减值损失。本行根据企业“资产减值损失”科目上的数额填报。实行其他会计准则等的比照填报。

⑧第8行“公允价值变动收益”：填报纳税人在初始确认时划分为以公允价值计量且其变动计入当期损益的金融资产或金融负债（包括交易性金融资产或负债、直接指定为以公允价值计量且其变动计入当期损益的金融资产或金融负债），以及采用公允价值模式计量的投资性房地产、衍生工具和套期业务中公允价值变动形成的应计入当期损益的利得或损失。本行根据企业“公允价值变动损益”科目的数额填报（损失以“-”号填列）。

⑨第9行“投资收益”：填报纳税人以各种方式对外投资确认所取得的收益或发生的损失。根据企业“投资收益”科目的数额计算填报；实行事业单位会计准则的纳税人根据“其他收入”科目中的投资收益金额分析填报（损失以“-”号填列）。实行其他会计准则等的比照填报。

⑩第10行“营业利润”：填报纳税人当期的营业利润。根据上述项目计算填列。

⑪第11行“营业外收入”：填报纳税人取得的与其经营活动无直接关系的各项收入的金额。一般企业纳税人通过“一般企业收入明细表”（A101010）填报；金融企业纳税人通过“金融企业收入明细表”(A101020)填报；实行事业单位会计准则或民间非营利组织会计制度的纳税人通过“事业单位、民间非营利组织收入、支出明细表”(A103000)填报。

⑫第12行“营业外支出”：填报纳税人发生的与其经营活动无直接关系的各项支出的金额。一般企业纳税人通过“一般企业成本支出明细表”(A102010)填报；金融企业纳税人通过“金融企业支出明细表”(A102020)填报；实行事业单位会计准则或民间非营利组织会计制度的纳税人通过“事业单位、民间非营利组织收入、支出明细表”(A103000)填报。

⑬第13行“利润总额”：填报纳税人当期的利润总额。根据上述项目计算填列。

⑭第14行“境外所得”：填报纳税人发生的分国别（地区）取得的境外税后所得计入利润总额的金额。填报“境外所得纳税调整后所得明细表”(A108010)第14列减去第11列的差额。

⑮第15行“纳税调整增加额”：填报纳税人会计处理与税收规定不一致，进行纳税调整增加的金额。本行通过“纳税调整项目明细表”（A105000）“调增金额”列填报。

⑯第16行“纳税调整减少额”：填报纳税人会计处理与税收规定不一致，进行纳税调整减少的金额。本行通过“纳税调整项目明细表”（A105000）“调减金额”列填报。

⑰第17行“免税、减计收入及加计扣除”：填报属于税法规定免税收入、减计收入、加计扣除的金额。本行通过“免税、减计收入及加计扣除优惠明细表”（A107010）填报。

⑱第18行“境外应税所得抵减境内亏损”：填报纳税人根据税法规定，选择用境外所得抵减境内亏损的数额。本行通过“境外所得税收抵免明细表”（A108000）填报。

⑲第19行“纳税调整后所得”：填报纳税人经过纳税调整、税收优惠、境外所得计算后的所得额。

⑳第20行“所得减免”：填报属于税法规定所得减免金额。本行通过“所得减免优惠明细表”(A107020)填报，本行<0时，填写负数。

㉑第21行“抵扣应纳税所得额”：填报根据税法规定应抵扣的应纳税所得额。本行通过“抵扣应纳税所得额明细表”（A107030）填报。

㉒第22行“弥补以前年度亏损”：填报纳税人按照税法规定可在税前弥补的以前年度亏损的数额，本行根据“企业所得税弥补亏损明细表”（A106000）填报。

㉓第23行“应纳税所得额”：金额等于本表第19-20-21-22行的计算结果。本行不得为负数。本表第19行或者按照上述行次顺序计算结果本行为负数，本行金额填零。

㉔第24行“税率”：填报税法规定的税率25%。

㉕第25行“应纳所得税额”：金额等于本表第23×24行。

㉖第26行“减免所得税额”：填报纳税人按税法规定实际减免的企业所得税额。本行通过“减免所得税优惠明细表”（A107040）填报。

㉗第27行“抵免所得税额”：填报企业当年的应纳所得税额中抵免的金额。本行通过“税额抵免优惠明细表”（A107050）填报。

㉘第28行“应纳税额”：金额等于本表第25-26-27行。

㉙第29行“境外所得应纳所得税额”：填报纳税人来源于中国境外的所得，按照我国税法规定计算的应纳所得税额。本行通过“境外所得税收抵免明细表”（A108000）填报。

㉚第30行“境外所得抵免所得税额”：填报纳税人来源于中国境外所得依照中国境外税收法律以及相关规定应缴纳并实际缴纳（包括视同已实际缴纳）的企业所得税性质的税款（准予抵免税款）。本行通过“境外所得税收抵免明细表”（A108000）填报。

㉛第31行“实际应纳所得税额”：填报纳税人当期的实际应纳所得税额。金额等于本表第28+29-30行。

㉜第32行“本年累计实际已预缴的所得税额”：填报纳税人按照税法规定本纳税年度已在月（季）度累计预缴的所得税额，包括按照税法规定的特定业务已预缴（征）的所得税额，建筑企业总机构直接管理的跨地区设立的项目部按规定向项目所在地主管税务机关预缴的所得税额。

㉝第33行“本年应补（退）所得税额”：填报纳税人当期应补（退）的所得税额。金额等于本表第31-32行。

㉞第34行“总机构分摊本年应补（退）所得税额”：填报汇总纳税的总机构按照税收规定在总机构所在地分摊本年应补（退）所得税款。本行根据“跨地区经营汇总纳税企业年度分摊企业所得税明细表”（A109000）填报。

㉟第35行“财政集中分配本年应补（退）所得税额”：填报汇总纳税的总机构按照税收规定财政集中分配本年应补（退）所得税款。本行根据“跨地区经营汇总纳税企业年度分摊企业所得税明细表”（A109000）填报。

㊱第36行“总机构主体生产经营部门分摊本年应补（退）所得税额”：填报汇总纳税的总机构所属的具有主体生产经营职能的部门按照税收规定应分摊的本年应补（退）所得税额。本行根据“跨地区经营汇总纳税企业年度分摊企业所得税明细表”（A109000）填报。

㊲第37行“以前年度多缴的所得税额在本年抵减额”：填报纳税人以前纳税年度汇算

清缴多缴的税款尚未办理退税，并在本纳税年度抵缴的所得税额。

㊳第38行“以前年度应缴未缴在本年入库所得额”：填报纳税人以前纳税年度应缴未缴在本纳税年度入库所得税额。

2.表内、表间关系

（1）表内关系。

①第10行=第1-2-3-4-5-6-7+8+9行。

②第13行=第10+11-12行。

③第19行=第13-14+15-16-17+18行。

④第23行=第19-20-21-22行。

⑤第25行=第23×24行。

⑥第28行=第25-26-27行。

⑦第31行=第28+29-30行。

⑧第33行=第31-32行。

（2）表间关系。

①第1行=表A101010第1行或表A101020第1行或表A103000第2+3+4+5+6行或表A103000第11+12+13+14+15行。

②第2行=表A102010第1行或表A102020第1行或表A103000第19+20+21+22行或表A103000第25+26+27行。

③第4行=表A104000第25行第1列。

④第5行=表A104000第25行第3列。

⑤第6行=表A104000第25行第5列。

⑥第11行=表A101010第16行或表A101020第35行或表A103000第9行或第17行。

⑦第12行=表A102010第16行或表A102020第33行或表A103000第23行或第28行。

⑧第14行=表A108010第10行第14列-第11列。

⑨第15行=表A105000第43行第3列。

⑩第16行=表A105000第43行第4列。

⑪第17行=表A107010第27行。

⑫第18行=表A108000第10行第6列。（当本表第13-14+15-16-17行≥0时，本行=0）

⑬第20行=表A107020第40行第7列。

⑭第21行=表A107030第7行。

⑮第22行=表A106000第6行第10列。

⑯第26行=表A107040第29行。

⑰第27行=表A107050第7行第11列。

⑱第29行=表A108000第10行第9列。

⑲第30行=表A108000第10行第19列。

⑳第34行=表A109000第12+16行。

㉑第35行=表A109000第13行。

㉒第36行=表A109000第15行。

A101010

一般企业收入明细表

行次	项目	金额
1	一、营业收入（2+9）	
2	（一）主营业务收入（3+5+6+7+8）	
3	1.销售商品收入	
4	其中：非货币性资产交换收入	
5	2.提供劳务收入	
6	3.建造合同收入	
7	4.让渡资产使用权收入	
8	5.其他	
9	（二）其他业务收入（10+12+13+14+15）	
10	1.销售材料收入	
11	其中：非货币性资产交换收入	
12	2.出租固定资产收入	
13	3.出租无形资产收入	
14	4.出租包装物和商品收入	
15	5.其他	
16	二、营业外收入（17+18+19+20+21+22+23+24+25+26）	
17	（一）非流动资产处置利得	
18	（二）非货币性资产交换利得	
19	（三）债务重组利得	
20	（四）政府补助利得	
21	（五）盘盈利得	
22	（六）捐赠利得	
23	（七）罚没利得	
24	（八）确实无法偿付的应付款项	
25	（九）汇兑收益	
26	（十）其他	

填报说明：

本表适用于执行除事业单位会计准则、非营利企业会计制度以外的其他国家统一会计制度的非金融居民纳税人填报。纳税人应根据国家统一会计制度的规定，填报“主营业务收入”、“其他业务收入”和“营业外收入”。

1.有关项目填报说明

（1）第1行“营业收入”：根据主营业务收入、其他业务收入的数额计算填报。

（2）第2行“主营业务收入”：根据不同行业的业务性质分别填报纳税人核算的主营业务收入。

（3）第3行“销售商品收入”：填报从事工业制造、商品流通、农业生产以及其他商品销售的纳税人取得的主营业务收入。房地产开发企业销售开发产品（销售未完工开发产品除外）取得的收入也在此行填报。

（4）第4行“非货币性资产交换收入”：填报纳税人发生的非货币性资产交换按照国家统一会计制度应确认的主营业务收入。

（5）第5行“提供劳务收入”：填报纳税人从事建筑安装、修理修配、交通运输、仓储租赁、邮电通信、咨询经纪、文化体育、科学研究、技术服务、教育培训、餐饮住宿、中介代理、卫生保健、社区服务、旅游、娱乐、加工以及其他劳务活动取得的主营业务收入。

（6）第6行“建造合同收入”：填报纳税人建造房屋、道路、桥梁、水坝等建筑物，以及生产船舶、飞机、大型机械设备等取得的主营业务收入。

（7）第7行“让渡资产使用权收入”：填报纳税人在主营业务收入核算的，让渡无形资产使用权而取得的使用费收入以及出租固定资产、无形资产、投资性房地产取得的租金收入。

（8）第8行“其他”：填报纳税人按照国家统一会计制度核算，上述未列举的其他主营业务收入。

（9）第9行：“其他业务收入”：填报根据不同行业的业务性质分别填报纳税人核算的其他业务收入。

（10）第10行“销售材料收入”：填报纳税人销售材料、下脚料、废料、废旧物资等取得的收入。

（11）第11行“非货币性资产交换收入”：填报纳税人发生的非货币性资产交换按照国家统一会计制度应确认的其他业务收入。

（12）第12行“出租固定资产收入”：填报纳税人将固定资产使用权让与承租人获取的其他业务收入。

（13）第13行“出租无形资产收入”：填报纳税人让渡无形资产使用权取得的其他业务收入。

（14）第14行“出租包装物和商品收入”：填报纳税人出租、出借包装物和商品取得的其他业务收入。

（15）第15行“其他”：填报纳税人按照国家统一会计制度核算，上述未列举的其他业务收入。

（16）第16行“营业外收入”：填报纳税人计入本科目核算的与生产经营无直接关系的各项收入。

（17）第17行“非流动资产处置利得”：填报纳税人处置固定资产、无形资产等取得的净收益。

（18）第18行“非货币性资产交换利得”：填报纳税人发生非货币性资产交换应确认的净收益。

（19）第19行“债务重组利得”：填报纳税人发生的债务重组业务确认的净收益。

（20）第20行“政府补助利得”：填报纳税人从政府无偿取得货币性资产或非货币性

资产应确认的净收益。

（21）第21行“盘盈利得”：填报纳税人在清查财产过程中查明的各种财产盘盈应确认的净收益。

（22）第22行“捐赠利得”：填报纳税人接受的来自企业、组织或个人无偿给予的货币性资产、非货币性资产捐赠应确认的净收益。

（23）第23行“罚没利得”：填报纳税人在日常经营管理活动中取得的罚款、没收收入应确认的净收益。

（24）第24行“确实无法偿付的应付款项”：填报纳税人因确实无法偿付的应付款项而确认的收入。

（25）第25行“汇兑收益”：填报纳税人取得企业外币货币性项目因汇率变动形成的收益应确认的收入。（该项目为执行小企业准则的企业填报）

（26）第26行“其他”：填报纳税人取得的上述项目未列举的其他营业外收入，包括执行企业会计准则的纳税人按权益法核算长期股权投资对初始投资成本调整确认的收益，执行小企业会计准则的纳税人取得的出租包装物和商品的租金收入、逾期未退包装物押金收益等。

2.表内、表间关系

（1）表内关系。

①第1行＝第2+9行。

②第2行＝第3+5+6+7+8行。

③第9行＝第10+12+13+14+15行。

④第16行＝第17+18+19+20+21+22+23+24+25+26行。

（2）表间关系。

①第1行＝表A100000第1行。

②第16行＝表A100000第11行。

A102010

一般企业成本支出明细表

行次	项目	金额
1	一、营业成本（2+9）	
2	（一）主营业务成本（3+5+6+7+8）	
3	1.销售商品成本	
4	其中：非货币性资产交换成本	
5	2.提供劳务成本	
6	3.建造合同成本	
7	4.让渡资产使用权成本	
8	5.其他	
9	（二）其他业务成本（10+12+13+14+15）	
10	1.销售材料成本	

续表

行次	项目	金额
11	其中：非货币性资产交换成本	
12	2.出租固定资产成本	
13	3.出租无形资产成本	
14	4.包装物出租成本	
15	5.其他	
16	二、营业外支出（17+18+19+20+21+22+23+24+25+26）	
17	（一）非流动资产处置损失	
18	（二）非货币性资产交换损失	
19	（三）债务重组损失	
20	（四）非常损失	
21	（五）捐赠支出	
22	（六）赞助支出	
23	（七）罚没支出	
24	（八）坏账损失	
25	（九）无法收回的债券股权投资损失	
26	（十）其他	

填报说明：

本表适用于执行除事业单位会计准则、非营利企业会计制度以外的其他国家统一会计制度的查账征收企业所得税非金融居民纳税人填报。纳税人应根据国家统一会计制度的规定，填报"主营业务成本"、"其他业务成本"和"营业外支出"。

1.有关项目填报说明

（1）第1行"营业成本"：填报纳税人主要经营业务和其他经营业务发生的成本总额。本行根据"主营业务成本"和"其他业务成本"的数额计算填报。

（2）第2行"主营业务成本"：根据不同行业的业务性质分别填报纳税人核算的主营业务成本。

（3）第3行"销售商品成本"：填报从事工业制造、商品流通、农业生产以及其他商品销售企业发生的主营业务成本。房地产开发企业销售开发产品（销售未完工开发产品除外）发生的成本也在此行填报。

（4）第4行"非货币性资产交换成本"：填报纳税人发生的非货币性资产交换按照国家统一会计制度应确认的主营业务成本。

（5）第5行"提供劳务成本"：填报纳税人从事建筑安装、修理修配、交通运输、仓储租赁、邮电通信、咨询经纪、文化体育、科学研究、技术服务、教育培训、餐饮住宿、中介代理、卫生保健、社区服务、旅游、娱乐、加工以及其他劳务活动发生的主营业务成本。

（6）第6行"建造合同成本"：填报纳税人建造房屋、道路、桥梁、水坝等建筑物，以及生产船舶、飞机、大型机械设备等发生的主营业务成本。

（7）第7行“让渡资产使用权成本”：填报纳税人在主营业务成本核算的，让渡无形资产使用权而发生的使用费成本以及出租固定资产、无形资产、投资性房地产发生的租金成本。

（8）第8行“其他”：填报纳税人按照国家统一会计制度核算，上述未列举的其他主营业务成本。

（9）第9行：“其他业务成本”：根据不同行业的业务性质分别填报纳税人按照国家统一会计制度核算的其他业务成本。

（10）第10行“销售材料成本”：填报纳税人销售材料、下脚料、废料、废旧物资等发生的成本。

（11）第11行“非货币性资产交换成本”：填报纳税人发生的非货币性资产交换按照国家统一会计制度应确认的其他业务成本。

（12）第12行“出租固定资产成本”：填报纳税人将固定资产使用权让与承租人形成的出租固定资产成本。

（13）第13行“出租无形资产成本”：填报纳税人让渡无形资产使用权形成的出租无形资产成本。

（14）第14行“包装物出租成本”：填报纳税人出租、出借包装物形成的包装物出租成本。

（15）第15行“其他”：填报纳税人按照国家统一会计制度核算，上述未列举的其他业务成本。

（16）第16行“营业外支出”：填报纳税人计入本科目核算的与生产经营无直接关系的各项支出。

（17）第17行“非流动资产处置损失”：填报纳税人处置非流动资产形成的净损失。

（18）第18行“非货币性资产交换损失”：填报纳税人发生非货币性资产交换应确认的净损失。

（19）第19行“债务重组损失”：填报纳税人进行债务重组应确认的净损失。

（20）第20行“非常损失”：填报纳税人在营业外支出中核算的各项非正常的财产损失。

（21）第21行“捐赠支出”：填报纳税人无偿给予其他企业、组织或个人的货币性资产、非货币性资产的捐赠支出。

（22）第22行“赞助支出”：填报纳税人发生的货币性资产、非货币性资产赞助支出。

（23）第23行“罚没支出”：填报纳税人在日常经营管理活动中对外支付的各项罚没支出。

（24）第24行“坏账损失”：填报纳税人发生的各项坏账损失。（该项目为使用小企业准则的企业填报）

（25）第25行“无法收回的债券股权投资损失”：填报纳税人各项无法收回的债券股权投资损失。（该项目为使用小企业准则的企业填报）

（26）第26行“其他”：填报纳税人本期实际发生的在营业外支出核算的其他损失及支出。

2.表内、表间关系

（1）表内关系。

①第1行＝第2+9行。

②第2行＝第3+5+6+7+8行。

③第9行＝第10+12+13+14+15行。

④第16行＝第17+18+19+20+21+22+23+24+25+26行。

（2）表间关系。

①第1行＝表A100000第2行。

②第16行＝表A100000第12行。

A104000

期间费用明细表

行次	项目	销售费用	其中：境外支付	管理费用	其中：境外支付	财务费用	其中：境外支付
		1	2	3	4	5	6
1	一、职工薪酬		*		*	*	*
2	二、劳务费					*	*
3	三、咨询顾问费					*	*
4	四、业务招待费		*		*	*	*
5	五、广告费和业务宣传费		*		*	*	*
6	六、佣金和手续费						
7	七、资产折旧摊销费		*		*	*	*
8	八、财产损耗、盘亏及毁损损失		*		*	*	*
9	九、办公费		*		*	*	*
10	十、董事会费		*		*	*	*
11	十一、租赁费					*	*
12	十二、诉讼费		*		*	*	*
13	十三、差旅费		*		*	*	*
14	十四、保险费		*		*	*	*
15	十五、运输、仓储费					*	*
16	十六、修理费					*	*
17	十七、包装费		*		*	*	*
18	十八、技术转让费					*	*
19	十九、研究费用					*	*
20	二十、各项税费		*		*	*	*
21	二十一、利息收支	*	*	*	*		
22	二十二、汇兑差额	*	*	*	*		
23	二十三、现金折扣	*	*	*	*		*
24	二十四、其他						
25	合计(1+2+3+…+24)						

填报说明：

本表适用于执行企业会计准则、小企业会计准则、企业会计制度、分行业会计制度的查账征收居民纳税人填报。纳税人应根据企业会计准则、小企业会计准则、企业会计制度、分行业会计制度的规定，填报"销售费用"、"管理费用"和"财务费用"等项目。

1.有关项目填报说明

（1）第1列"销售费用"：填报在销售费用科目进行核算的相关明细项目的金额，其中金融企业填报在业务及管理费科目进行核算的相关明细项目的金额。

（2）第2列"境外支付"：填报在销售费用科目进行核算的向境外支付的相关明细项目的金额，其中金融企业填报在业务及管理费科目进行核算的相关明细项目的金额。

（3）第3列"管理费用"：填报在管理费用科目进行核算的相关明细项目的金额。

（4）第4列"境外支付"：填报在管理费用科目进行核算的向境外支付的相关明细项目的金额。

（5）第5列"财务费用"：填报在财务费用科目进行核算的有关明细项目的金额。

（6）第6列"境外支付"：填报在财务费用科目进行核算的向境外支付的有关明细项目的金额。

（7）第1至24行：根据费用科目核算的具体项目金额进行填报，如果贷方发生额大于借方发生额，应填报负数。

（8）第25行第1列：填报第1行至24行第1列的合计数。

（9）第25行第2列：填报第1行至24行第2列的合计数。

（10）第25行第3列：填报第1行至24行第3列的合计数。

（11）第25行第4列：填报第1行至24行第4列的合计数。

（12）第25行第5列：填报第1行至24行第5列的合计数。

（13）第25行第6列：填报第1行至24行第6列的合计数。

2.表内、表间关系

（1）表内关系。

①第25行第1列＝第1列第1+2+…+20+24行。

②第25行第2列＝第2列第2+3+6+11+15+16+18+19+24行。

③第25行第3列＝第3列第1+2+…+20+24行。

④第25行第4列＝第4列第2+3+6+11+15+16+18+19+24行。

⑤第25行第5列＝第5列第6+21+22+23+24行。

⑥第25行第6列＝第6列第6+21+22+24行。

（2）表间关系。

①第25行第1列＝表A100000第4行。

②第25行第3列＝表A100000第5行。

③第25行第5列＝表A100000第6行。

A105000

纳税调整项目明细表

行次	项目	账载金额	税收金额	调增金额	调减金额
		1	2	3	4
1	一、收入类调整项目（2+3+4+5+6+7+8+10+11）	*	*		
2	（一）视同销售收入（填写A105010）	*			*
3	（二）未按权责发生制原则确认的收入（填写A105020）				
4	（三）投资收益（填写A105030）				
5	（四）按权益法核算长期股权投资对初始投资成本调整确认收益	*	*	*	
6	（五）交易性金融资产初始投资调整	*	*		*
7	（六）公允价值变动净损益		*		
8	（七）不征税收入	*	*		
9	其中：专项用途财政性资金（填写A105040）	*	*		
10	（八）销售折扣、折让和退回				
11	（九）其他				
12	二、扣除类调整项目（13+14+15+16+17+18+19+20+21+22+23+24+26+27+28+29）	*	*		
13	（一）视同销售成本（填写A105010）	*		*	
14	（二）职工薪酬（填写A105050）				
15	（三）业务招待费支出				*
16	（四）广告费和业务宣传费支出（填写A105060）	*	*		
17	（五）捐赠支出（填写A105070）				*
18	（六）利息支出				
19	（七）罚金、罚款和被没收财物的损失		*		*
20	（八）税收滞纳金、加收利息		*		*
21	（九）赞助支出		*		*
22	（十）与未实现融资收益相关在当期确认的财务费用				
23	（十一）佣金和手续费支出				*
24	（十二）不征税收入用于支出所形成的费用	*	*		*
25	其中：专项用途财政性资金用于支出所形成的费用（填写A105040）	*	*		*
26	（十三）跨期扣除项目				
27	（十四）与取得收入无关的支出		*		*
28	（十五）境外所得分摊的共同支出	*	*		*
29	（十六）其他				
30	三、资产类调整项目（31+32+33+34）	*	*		
31	（一）资产折旧、摊销（填写A105080）				
32	（二）资产减值准备金		*		

续表

行次	项目	账载金额	税收金额	调增金额	调减金额
		1	2	3	4
33	（三）资产损失（填写A105090）				
34	（四）其他				
35	四、特殊事项调整项目（36+37+38+39+40）	*	*		
36	（一）企业重组（填写A105100）				
37	（二）政策性搬迁（填写A105110）	*	*		
38	（三）特殊行业准备金（填写A105120）				
39	（四）房地产开发企业特定业务计算的纳税调整额(填写A105010)	*			
40	（五）其他	*	*		
41	五、特别纳税调整应税所得	*	*		
42	六、其他	*	*		
43	合计（1+12+30+35+41+42）	*	*		

填报说明：

本表适用于会计处理与税法规定不一致需进行纳税调整的纳税人填报。纳税人根据税法、相关税收政策，以及国家统一会计制度的规定，填报会计处理、税法规定，以及纳税调整情况。

1.有关项目填报说明

本表纳税调整项目按照“收入类调整项目”、“扣除类调整项目”、“资产类调整项目”、“特殊事项调整项目”、“特别纳税调整应税所得”、“其他”六大项分类填报汇总，并计算出纳税“调增金额”和“调减金额”的合计数。

数据栏分别设置“账载金额”、“税收金额”、“调增金额”、“调减金额”四个栏次。“账载金额”是指纳税人按照国家统一会计制度规定核算的项目金额。“税收金额”是指纳税人按照税法规定计算的项目金额。

“收入类调整项目”：“税收金额”减“账载金额”后余额为正数的，填报在“调增金额”；余额为负数的，将绝对值填报在“调减金额”。

“扣除类调整项目”、“资产类调整项目”：“账载金额”减“税收金额”后余额为正数的，填报在“调增金额”；余额为负数的，将其绝对值填报在“调减金额”。

“特殊事项调整项目”、“其他”分别填报税法规定项目的“调增金额”、“调减金额”。

“特别纳税调整应税所得”：填报经特别纳税调整后的“调增金额”。

对需填报下级明细表的纳税调整项目，其“账载金额”、“税收金额” “调增金额”，“调减金额”根据相应附表进行计算填报。

（1）收入类调整项目。

①第1行“收入类调整项目”：根据第2至11行进行填报。

②第2行“视同销售收入”：填报会计处理不确认为销售收入，税法规定确认应税收入的收入。根据“视同销售和房地产开发企业特定业务纳税调整明细表”(A105010)填报，第2列“税收金额”为表A105010第1行第1列金额；第3列“调增金额”为表A105010第1行第2列金额。

③第3行“未按权责发生制原则确认的收入”：根据“未按权责发生制确认收入纳税调整明细表”(A105020)填报，第1列“账载金额”为表A105020第14行第2列金额；第2列“税收金额”为表A105020第14行第4列金额；表A105020第14行第6列，若≥0，填入本行第3列“调增金额”；若＜0，将绝对值填入本行第4列“调减金额”。

④第4行“投资收益”：根据“投资收益纳税调整明细表”(A105030)填报，第1列“账载金额”为表A105030第10行第1+8列的金额；第2列“税收金额”为表A105030第10行第2+9列的金额；表A105030第10行第11列，若≥0，填入本行第3列“调增金额”；若＜0，将绝对值填入本行第4列“调减金额”。

⑤第5行“按权益法核算长期股权投资对初始投资成本调整确认收益”：第4列“调减金额”填报纳税人采取权益法核算，初始投资成本小于取得投资时应享有被投资单位可辨认净资产公允价值份额的差额计入取得投资当期的营业外收入的金额。

⑥第6行“交易性金融资产初始投资调整”：第3列“调增金额”填报纳税人根据税法规定确认交易性金融资产初始投资金额与会计核算的交易性金融资产初始投资账面价值的差额。

⑦第7行“公允价值变动净损益”：第1列“账载金额”填报纳税人会计核算的以公允价值计量的金融资产、金融负债以及投资性房地产类项目，计入当期损益的公允价值变动金额；若第1列＜0，将绝对值填入第3列“调增金额”；若第1列≥0，填入第4列“调减金额”。

⑧第8行“不征税收入”：填报纳税人计入收入总额但属于税法规定不征税的财政拨款、依法收取并纳入财政管理的行政事业性收费以及政府性基金和国务院规定的其他不征税收入。第3列“调增金额”填报纳税人以前年度取得财政性资金且已作为不征税收入处理，在5年（60个月）内未发生支出且未缴回财政部门或其他拨付资金的政府部门，应计入应税收入额的金额；第4列“调减金额”填报符合税法规定不征税收入条件并作为不征税收入处理，且已计入当期损益的金额。

⑨第9行“专项用途财政性资金”：根据“专项用途政财政性资金纳税调整明细表”(A105040)填报。第3列“调增金额”为表A105040第7行第14列金额；第4列“调减金额”为表A105040第7行第4列金额。

⑩第10行“销售折扣、折让和退回”：填报不符合税法规定的销售折扣和折让应进行纳税调整的金额，和发生的销售退回因会计处理与税法规定有差异需纳税调整的金额。第1列“账载金额”填报纳税人会计核算的销售折扣和折让金额及销货退回的追溯处理的净调整额。第2列“税收金额”填报根据税法规定可以税前扣除的折扣和折让的金额及销货

退回业务影响当期损益的金额。第1列减第2列，若余额≥0，填入第3列“调增金额”；若余额<0，将绝对值填入第4列“调减金额”，第4列仅为销货退回影响损益的跨期时间性差异。

⑪第11行“其他”：填报其他因会计处理与税法规定有差异需纳税调整的收入类项目金额。若第2列≥第1列，将第2-1列的余额填入第3列“调增金额”；若第2列<第1列，将第2-1列余额的绝对值填入第4列“调减金额”。

（2）扣除类调整项目。

①第12行“扣除类调整项目”：根据第13行至第29行填报。

②第13行“视同销售成本”：填报会计处理不作为销售核算，税法规定作为应税收入的同时，确认的销售成本金额。根据“视同销售和房地产开发企业特定业务纳税调整明细表”(A105010)填报，第2列“税收金额”为表A105010第11行第1列金额；第4列“调减金额”为表A105010第11行第2列金额的绝对值。

③第14行“职工薪酬”：根据“职工薪酬纳税调整明细表”(A105050)填报，第1列“账载金额”为表A105050第13行第1列金额；第2列“税收金额”为表A105050第13行第4列金额；表A105050第13行第5列，若≥0，填入本行第3列“调增金额”；若<0，将绝对值填入本行第4列“调减金额”。

④第15行“业务招待费支出”：第1列“账载金额”填报纳税人会计核算计入当期损益的业务招待费金额；第2列“税收金额”填报按照税法规定允许税前扣除的业务招待费支出的金额，即“本行第1列×60%”与当年销售（营业收入）×5‰的孰小值；第3列“调增金额”为第1-2列金额。

⑤第16行“广告费和业务宣传费支出”：根据“广告费和业务宣传费跨年度纳税调整明细表”(A105060)填报，表A105060第12行，若≥0，填入第3列“调增金额”；若<0，将绝对值填入第4列“调减金额”。

⑥第17行“捐赠支出”：根据“捐赠支出纳税调整明细表”(A105070)填报。第1列“账载金额”为表A105070第20行第2+6列金额；第2列“税收金额”为表A105070第20行第4列金额；第3列“调增金额”为表A105070第20行第7列金额。

⑦第18行“利息支出”：第1列“账载金额”填报纳税人向非金融企业借款，会计核算计入当期损益的利息支出的金额；第2列“税收金额”填报按照税法规定允许税前扣除的利息支出的金额；若第1列≥第2列，将第1列减第2列余额填入第3列“调增金额”；若第1列<第2列，将第1列减第2列余额的绝对值填入第4列“调减金额”。

⑧第19行“罚金、罚款和被没收财物的损失”：第1列“账载金额”填报纳税人会计核算计入当期损益的罚金、罚款和被罚没财物的损失，不包括纳税人按照经济合同规定支付的违约金（包括银行罚息）、罚款和诉讼费；第3列“调增金额”等于第1列金额。

⑨第20行“税收滞纳金、加收利息”：第1列“账载金额”填报纳税人会计核算计入当期损益的税收滞纳金、加收利息。第3列“调增金额”等于第1列金额。

⑩第21行“赞助支出”：第1列“账载金额”填报纳税人会计核算计入当期损益的不

符合税法规定的公益性捐赠的赞助支出的金额，包括直接向受赠人的捐赠、赞助支出等（不含广告性的赞助支出，广告性的赞助支出在表A105060中调整）；第3列“调增金额”等于第1列金额。

⑪第22行“与未实现融资收益相关在当期确认的财务费用”：第1列“账载金额”填报纳税人会计核算的与未实现融资收益相关并在当期确认的财务费用的金额；第2列“税收金额”填报按照税法规定允许税前扣除的金额；若第1列≥第2列，将第1–2列余额填入第3列“调增金额”；若第1列＜第2列，将第1–2列余额的绝对值填入第4列“调减金额”。

⑫第23行“佣金和手续费支出”：第1列“账载金额”填报纳税人会计核算计入当期损益的佣金和手续费金额；第2列“税收金额”填报按照税法规定允许税前扣除的佣金和手续费支出金额；第3列“调增金额”为第1–2列的金额。

⑬第24行“不征税收入用于支出所形成的费用”：第3列“调增金额”填报符合条件的不征税收入用于支出所形成的计入当期损益的费用化支出金额。

⑭第25行“专项用途财政性资金用于支出所形成的费用”：根据“专项用途财政性资金纳税调整明细表”(A105040)填报。第3列“调增金额”为表A105040第7行第11列金额。

⑮第26行“跨期扣除项目”：填报维简费、安全生产费用、预提费用、预计负债等跨期扣除项目调整情况。第1列“账载金额”填报纳税人会计核算计入当期损益的跨期扣除项目金额；第2列“税收金额”填报按照税法规定允许税前扣除的金额；若第1列≥第2列，将第1–2列余额填入第3列“调增金额”；若第1列＜第2列，将第1–2列余额的绝对值填入第4列“调减金额”。

⑯第27行“与取得收入无关的支出”：第1列“账载金额”填报纳税人会计核算计入当期损益的与取得收入无关的支出的金额。第3列“调增金额”等于第1列金额。

⑰第28行“境外所得分摊的共同支出”：第3列“调增金额”，为“境外所得纳税调整后所得明细表”（A108010）第10行第16+17列的金额。

⑱第29行“其他”：填报其他因会计处理与税法规定有差异需纳税调整的扣除类项目金额。若第1列≥第2列，将第1–2列余额填入第3列“调增金额”；若第1列＜第2列，将第1–2列余额的绝对值填入第4列“调减金额”。

（3）资产类调整项目。

①第30行“资产类调整项目”：填报资产类调整项目第31至34行的合计数。

②第31行“资产折旧、摊销”：根据“资产折旧、摊销情况及纳税调整明细表”(A105080)填报。第1列“账载金额”为表A105080第27行第2列金额；第2列“税收金额”为表A105080第27行第5+6列金额；表A105080第27行第9列，若≥0，填入本行第3列“调增金额”；若＜0，将绝对值填入本行第4列“调减金额”。

③第32行“资产减值准备金”：填报坏账准备、存货跌价准备、理赔费用准备金等不允许税前扣除的各类资产减值准备金纳税调整情况。第1列“账载金额”填报纳税人会计核算计入当期损益的资产减值准备金金额（因价值恢复等原因转回的资产减值准备金应予以冲回）。第1列，若≥0，填入第3列“调增金额”；若＜0，将绝对值填入第4列“调减金额”。

④第33行“资产损失”：根据“资产损失税前扣除及纳税调整明细表”(A105090)填

报。第1列“账载金额”为表A105090第14行第1列金额；第2列“税收金额”为表A105090第14行第2列金额；表A105090第14行第3列，若≥0，填入本行第3列“调增金额”；若<0，将绝对值填入本行第4列“调减金额”。

⑤第34行“其他”：填报其他因会计处理与税法规定有差异需纳税调整的资产类项目金额。若第1列≥第2列，将第1-2列余额填入第3列“调增金额”；若第1列<第2列，将第1-2列余额的绝对值填入第4列“调减金额”。

（4）特殊事项调整项目。

①第35行“特殊事项调整项目”：填报特殊事项调整项目第36行至第40行的合计数。

②第36行“企业重组”：根据“企业重组纳税调整明细表”(A105100)填报。第1列“账载金额”为表A105100第14行第1+4列金额；第2列“税收金额”为表A105100第14行第2+5列金额；表A105100第14行第7列，若≥0，填入本行第3列“调增金额”；若<0，将绝对值填入本行第4列“调减金额”。

③第37行“政策性搬迁”：根据“政策性搬迁纳税调整明细表”(A105110)填报。表A105110第24行，若≥0，填入本行第3列“调增金额”；若<0，将绝对值填入本行第4列“调减金额”。

④第38行“特殊行业准备金”：根据“特殊行业准备金纳税调整明细表”(A105120)填报。第1列“账载金额”为表A105120第30行第1列金额；第2列“税收金额”为表A105120第30行第2列金额；表A105120第30行第3列，若≥0，填入本行第3列“调增金额”；若<0，将绝对值填入本行第4列“调减金额”。

⑤第39行“房地产开发企业特定业务计算的纳税调整额”：根据“视同销售和房地产开发企业特定业务纳税调整明细表”(A105010)填报。第2列“税收金额”为表A105010第21行第1列金额；表A105010第21行第2列，若≥0，填入本行第3列“调增金额”；若<0，将绝对值填入本行第4列“调减金额”。

⑥第40行“其他”：填报其他因会计处理与税法规定有差异需纳税调整的特殊事项金额。

（5）特别纳税调整应税所得。

第41行“特别纳税调整应税所得”：第3列“调增金额”填报纳税人按特别纳税调整规定自行调增的当年应税所得；第4列“调减金额”填报纳税人依据双边预约定价安排或者转让定价相应调整磋商结果的通知，需要调减的当年应税所得。

（6）其他。

①第42行“其他”：其他会计处理与税法规定存在差异需纳税调整的项目金额。

②第43行“合计”：填报第1+12+30+35+41+42行的金额。

2.表内、表间关系

（1）表内关系。

①第1行=第2+3+4+5+6+7+8+10+11行。

②第12行=第13+14+15+16+17+18+19+20+21+22+23+24+26+27+28+29行。

③第30行=第31+32+33+34行。

④第35行=第36+37+38+39+40行。

⑤第43行=第1+12+30+35+41+42行。

（2）表间关系。

①第2行第2列=表A105010第1行第1列；第2行第3列=表A105010第1行第2列。

②第3行第1列=表A105020第14行第2列；第3行第2列=表A105020第14行第4列；若表A105020第14行第6列≥0，填入第3行第3列；若表A105020第14行第6列<0，将绝对值填入第3行第4列。

③第4行第1列=表A105030第10行第1+8列；第4行第2列=表A105030第10行第2+9列；若表A105030第10行第11列≥0，填入第4行第3列；若表A105030第10行第11列<0，将绝对值填入第4行第4列。

④第9行第3列=表A105040第7行第14列；第9行第4列=表A105040第7行第4列。

⑤第13行第2列=表A105010第11行第1列；第13行第4列=表A105010第11行第2列的绝对值。

⑥第14行第1列=表A105050第13行第1列；第14行第2列=表A105050第13行第4列；若表A105050第13行第5列≥0，填入第14行第3列；若表A105050第13行第5列<0，将绝对值填入第14行第4列。

⑦若表A105060第12行≥0，填入第16行第3列；若表A105060第12行<0，将绝对值填入第16行第4列。

⑧第17行第1列=表A105070第20行第2+6列；第17行第2列=表A105070第20行第4列；第17行第3列=表A105070第20行第7列。

⑨第25行第3列=表A105040第7行第11列。

⑩第31行第1列=表A105080第27行第2列；第31行第2列=表A105080第27行第5+6列。若表A105080第27行第9列≥0，填入第31行第3列；若表A105080第27行第9列<0，将绝对值填入第31行第4列。

⑪第33行第1列=表A105090第14行第1列；第33行第2列=表A105090第14行第2列。若表A105090第14行第3列≥0，填入第33行第3列；若表A105090第14行第3列<0，将绝对值填入第33行第4列。

⑫第36行第1列=表A105100第14行第1+4列；第36行第2列=表A105100第14行第2+5列。若表A105100第14行第7列≥0，填入第36行第3列；若表A105100第14行第7列<0，将绝对值填入第36行第4列。

⑬若表A105110第24行≥0，填入第37行第3列；若表A105110第24行<0，将绝对值填入第37行第4列。

⑭第38行第1列=表A105120第30行第1列；第38行第2列=表A105120第30行第2列。若表A105120第30行第3列≥0，填入第38行第3列；若表A105120第30行第3列<0，将绝对值填入第38行第4列。

⑮第39行第2列=表A105010第21行第1列。若表A105010第21行第2列≥0，填入第39行第3列；若表A105010第21行第2列<0，将绝对值填入第39行第4列。

⑯第43行第3列=表A100000第15行；第43行第4列=表A100000第16行。

⑰第28行第3列=表A108010第10行第16+17列。

A105010

视同销售和房地产开发企业特定业务纳税调整明细表

行次	项目	税收金额	纳税调整金额
		1	2
1	一、视同销售（营业）收入（2+3+4+5+6+7+8+9+10）		
2	（一）非货币性资产交换视同销售收入		
3	（二）用于市场推广或销售视同销售收入		
4	（三）用于交际应酬视同销售收入		
5	（四）用于职工奖励或福利视同销售收入		
6	（五）用于股息分配视同销售收入		
7	（六）用于对外捐赠视同销售收入		
8	（七）用于对外投资项目视同销售收入		
9	（八）提供劳务视同销售收入		
10	（九）其他		
11	二、视同销售（营业）成本（12+13+14+15+16+17+18+19+20）		
12	（一）非货币性资产交换视同销售成本		
13	（二）用于市场推广或销售视同销售成本		
14	（三）用于交际应酬视同销售成本		
15	（四）用于职工奖励或福利视同销售成本		
16	（五）用于股息分配视同销售成本		
17	（六）用于对外捐赠视同销售成本		
18	（七）用于对外投资项目视同销售成本		
19	（八）提供劳务视同销售成本		
20	（九）其他		
21	三、房地产开发企业特定业务计算的纳税调整额（22-26）		
22	（一）房地产企业销售未完工开发产品特定业务计算的纳税调整额（24-25）		
23	1.销售未完工产品的收入		*
24	2.销售未完工产品预计毛利额		
25	3.实际发生的营业税金及附加、土地增值税		
26	（二）房地产企业销售的未完工产品转完工产品特定业务计算的纳税调整额（28-29）		
27	1.销售未完工产品转完工产品确认的销售收入		*
28	2.转回的销售未完工产品预计毛利额		
29	3.转回实际发生的营业税金及附加、土地增值税		

填报说明：

本表适用于发生视同销售、房地产企业特定业务纳税调整项目的纳税人填报。纳税人根据税法、《国家税务总局关于企业处置资产所得税处理问题的通知》（国税函〔2008〕828号）、《国家税务总局关于印发〈房地产开发经营业务企业所得税处理办法〉的通知》（国税发〔2009〕31号）等相关规定，以及国家统一企业会计制度，填报视同销售行为、房地产企业销售未完工产品、未完工产品转完工产品特定业务的税法规定及纳税调整情况。

1.有关项目填报说明

（1）第1行“视同销售（营业）收入”：填报会计处理不确认销售收入，而税法规定确认为应税收入的金额，本行为第2至10行小计数。第1列“税收金额”填报税收确认的应税收入金额；第2列“纳税调整金额”等于第1列“税收金额”。

（2）第2行“非货币性资产交换视同销售收入”：填报发生非货币性资产交换业务，会计处理不确认销售收入，而税法规定确认为应税收入的金额。第1列“税收金额”填报税收确认的应税收入金额；第2列“纳税调整金额”等于第1列“税收金额”。

（3）第3行“用于市场推广或销售视同销售收入”：填报发生将货物、财产用于市场推广、广告、样品、集资、销售等，会计处理不确认销售收入，而税法规定确认为应税收入的金额。填列方法同第2行。

（4）第4行“用于交际应酬视同销售收入”：填报发生将货物、财产用于交际应酬，会计处理不确认销售收入，而税法规定确认为应税收入的金额。填列方法同第2行。

（5）第5行“用于职工奖励或福利视同销售收入”：填报发生将货物、财产用于职工奖励或福利，会计处理不确认销售收入，而税法规定确认为应税收入的金额。企业外购资产或服务不以销售为目的，用于替代职工福利费用支出，且购置后在一个纳税年度内处置的，可以按照购入价格确认视同销售收入。填列方法同第2行。

（6）第6行“用于股息分配视同销售收入”：填报发生将货物、财产用于股息分配，会计处理不确认销售收入，而税法规定确认为应税收入的金额。填列方法同第2行。

（7）第7行“用于对外捐赠视同销售收入”：填报发生将货物、财产用于对外捐赠或赞助，会计处理不确认销售收入，而税法规定确认为应税收入的金额。填列方法同第2行。

（8）第8行“用于对外投资项目视同销售收入”：填报发生将货物、财产用于对外投资，会计处理不确认销售收入，而税法规定确认为应税收入的金额。填列方法同第2行。

（9）第9行“提供劳务视同销售收入”：填报发生对外提供劳务，会计处理不确认销售收入，而税法规定确认为应税收入的金额。填列方法同第2行。

（10）第10行“其他”：填报发生除上述列举情形外，会计处理不作为销售收入核算，而税法规定确认为应税收入的金额。填列方法同第2行。

（11）第11行“视同销售成本”：填报会计处理不确认销售收入，税法规定确认为应税收入的同时，确认的视同销售成本金额。本行为第12至20行小计数。第1列“税收金额”填报予以税前扣除的视同销售成本金额；将第1列税收金额以负数形式填报第2列“纳税调整金额”。

（12）第12行“非货性资产交换视同销售成本”：填报发生非货币性资产交换业务，会计处理不确认销售收入，税法规定确认为应税收入所对应的予以税前扣除视同销售成本金额。第1列“税收金额”填报予以扣除的视同销售成本金额；将第1列税收金额以负数形式填报第2列“纳税调整金额”。

（13）第13行“用于市场推广或销售视同销售成本”：填报发生将货物、财产用于市场推广、广告、样品、集资、销售等，会计处理不确认销售收入，税法规定确认为应税收入时，其对应的予以税前扣除视同销售成本金额。填列方法同第12行。

（14）第14行“用于交际应酬视同销售成本”：填报发生将货物、财产用于交际应酬，会计处理不确认销售收入，税法规定确认为应税收入时，其对应的予以税前扣除视同销售成本金额。填列方法同第12行。

（15）第15行“用于职工奖励或福利视同销售成本”：填报发生将货物、财产用于职工奖励或福利，会计处理不确认销售收入，税法规定确认为应税收入时，其对应的予以税前扣除视同销售成本金额。填列方法同第12行。

（16）第16行“用于股息分配视同销售成本”：填报发生将货物、财产用于股息分配，会计处理不确认销售收入，税法规定确认为应税收入时，其对应的予以税前扣除视同销售成本金额。填列方法同第12行。

（17）第17行“用于对外捐赠视同销售成本”：填报发生将货物、财产用于对外捐赠或赞助，会计处理不确认销售收入，税法规定确认为应税收入时，其对应的予以税前扣除视同销售成本金额。填列方法同第12行。

（18）第18行“用于对外投资项目视同销售成本”：填报会计处理发生将货物、财产用于对外投资，会计处理不确认销售收入，税法规定确认为应税收入时，其对应的予以税前扣除视同销售成本金额。填列方法同第12行。

（19）第19行“提供劳务视同销售成本”：填报会计处理发生对外提供劳务，会计处理不确认销售收入，税法规定确认为应税收入时，其对应的予以税前扣除视同销售成本金额。填列方法同第12行。

（20）第20行“其他”：填报发生除上述列举情形外，会计处理不确认销售收入，税法规定确认为应税收入的同时，予以税前扣除视同销售成本金额。填列方法同第12行。

（21）第21行“房地产开发企业特定业务计算的纳税调整额”：填报房地产企业发生销售未完工产品、未完工产品结转完工产品业务，按照税法规定计算的特定业务的纳税调整额。第1列“税收金额”填报第22行第1列减去第26行第1列的余额；第2列“纳税调整金额”等于第1列“税收金额”。

（22）第22行“房地产企业销售未完工开发产品特定业务计算的纳税调整额”：填报房地产企业销售未完工开发产品取得销售收入，按税收规定计算的纳税调整额。第1列“税收金额”填报第24行第1列减去第25行第1列的余额；第2列“纳税调整金额”等于第1列“税收金额”。

（23）第23行“销售未完工产品的收入”：第1列“税收金额”填报房地产企业销售未完工开发产品，会计核算未进行收入确认的销售收入金额。

（24）第24行“销售未完工产品预计毛利额”：第1列“税收金额”填报房地产企业销

售未完工产品取得的销售收入按税法规定预计计税毛利率计算的金额；第2列“纳税调整金额”等于第1列“税收金额”。

（25）第25行“实际发生的营业税金及附加、土地增值税”：第1列“税收金额”填报房地产企业销售未完工产品实际发生的营业税金及附加、土地增值税，且在会计核算中未计入当期损益的金额；第2列“纳税调整金额”等于第1列“税收金额”。

（26）第26行“房地产企业销售的未完工产品转完工产品特定业务计算的纳税调整额”：填报房地产企业销售的未完工产品转完工产品，按税法规定计算的纳税调整额。第1列“税收金额”填报第28行第1列减去第29行第1列的余额；第2列“纳税调整金额”等于第1列“税收金额”。

（27）第27行“销售未完工产品转完工产品确认的销售收入”：第1列“税收金额”填报房地产企业销售的未完工产品，此前年度已按预计毛利额征收所得税，本年度结转为完工产品，会计上符合收入确认条件，当年会计核算确认的销售收入金额。

（28）第28行“转回的销售未完工产品预计毛利额”：第1列“税收金额”填报房地产企业销售的未完工产品，此前年度已按预计毛利额征收所得税，本年结转完工产品，会计核算确认为销售收入，转回原按税法规定预计计税毛利率计算的金额；第2列“纳税调整金额”等于第1列“税收金额”。

（29）第29行“转回实际发生的营业税金及附加、土地增值税”：填报房地产企业销售的未完工产品结转完工产品后，会计核算确认为销售收入，同时将对应实际发生的营业税金及附加、土地增值税转入当期损益的金额；第2列“纳税调整金额”等于第1列“税收金额”。

2.表内、表间关系

（1）表内关系。

①第1行＝第2+3+4+5+6+7+8+9+10行。

②第11行＝第12+13+14+15+16+17+18+19+20行。

③第21行＝第22-26行。

④第22行＝第24-25行。

⑤第26行＝第28-29行。

（2）表间关系。

①第1行第1列＝表A105000第2行第2列。

②第1行第2列＝表A105000第2行第3列。

③第11行第1列＝表A105000第13行第2列。

④第11行第2列的绝对值＝表A105000第13行第4列。

⑤第21行第1列＝表A105000第39行第2列。

⑥第21行第2列，若≥0，填入表A105000第39行第3列；若＜0，将绝对值填入表A105000第39行第4列。

A105030

投资收益纳税调整明细表

行次	项目	持有收益			处置收益							纳税调整金额
		账载金额	税收金额	纳税调整金额	会计确认的处置收入	税收计算的处置收入	处置投资的账面价值	处置投资的计税基础	会计确认的处置所得或损失	税收计算的处置所得	纳税调整金额	
		1	2	3（2-1）	4	5	6	7	8（4-6）	9（5-7）	10（9-8）	11（3+10）
1	一、交易性金融资产											
2	二、可供出售金融资产											
3	三、持有至到期投资											
4	四、衍生工具											
5	五、交易性金融负债											
6	六、长期股权投资											
7	七、短期投资											
8	八、长期债券投资											
9	九、其他											
10	合计(1+2+3+4+5+6+7+8+9)											

填报说明：

本表适用于发生投资收益纳税调整项目的纳税人填报。纳税人根据税法、《国家税务总局关于贯彻落实企业所得税法若干税收问题的通知》（国税函〔2010〕79号）等相关规定，以及国家统一企业会计制度，填报投资收益的会计处理、税法规定，以及纳税调整情况。发生持有期间投资收益，并按税法规定为减免税收入的(如国债利息收入等)，本表不作调整。处置投资项目按税法规定确认为损失的，本表不作调整，在“资产损失税前扣除及纳税调整明细表”(A105090)进行纳税调整。

1.有关项目填报说明

（1）第1列“账载金额”：填报纳税人持有投资项目，会计核算确认的投资收益。

（2）第2列“税收金额”：填报纳税人持有投资项目，按照税法规定确认的投资收益。

（3）第3列“纳税调整金额”：填报纳税人持有投资项目，会计核算确认投资收益与税法规定投资收益的差异需纳税调整的金额，为第2-1列的余额。

（4）第4列“会计确认的处置收入”：填报纳税人收回、转让或清算处置投资项目，会计核算确认的扣除相关税费后的处置收入金额。

（5）第5列“税收计算的处置收入”：填报纳税人收回、转让或清算处置投资项目，按照税法规定计算的扣除相关税费后的处置收入金额。

（6）第6列“处置投资的账面价值”：填报纳税人收回、转让或清算处置的投资项目，会计核算的投资处置成本的金额。

（7）第7列“处置投资的计税基础”：填报纳税人收回、转让或清算处置的投资项目，按税法规定计算的投资处置成本的金额。

（8）第8列“会计确认的处置所得或损失”：填报纳税人收回、转让或清算处置投资项目，会计核算确认的处置所得或损失，为第4-6列的余额。

（9）第9列“税收计算的处置所得”：填报纳税人收回、转让或清算处置投资项目，按照税法规定计算的处置所得，为第5-7列的余额；税收计算为处置损失的，本表不作调整，在“资产损失税前扣除及纳税调整明细表”（A105090）进行纳税调整。

（10）第10列“纳税调整金额”：填报纳税人收回、转让或清算处置投资项目，会计处理与税法规定不一致需纳税调整的金额，为第9-8列的余额。

（11）第11列“纳税调整金额”：填报第3+10列金额。

2.表内、表间关系

（1）表内关系。

①第10行 = 第1+2+3+4+5+6+7+8+9行。

②第3列 = 第2-1列。

③第8列 = 第4-6列。

④第9列 = 第5-7列。

⑤第10列 = 第9-8列。

⑥第11列 = 第3+10列。

（2）表间关系。

①第10行第1+8列 = 表A105000第4行第1列。

②第10行第2+9列 = 表A105000第4行第2列。

③第10行第11列，若≥0，填入表A105000第4行第3列；若＜0，将绝对值填入表A105000第4行第4列。

A105050

职工薪酬纳税调整明细表

行次	项目	账载金额	税收规定扣除率	以前年度累计结转扣除额	税收金额	纳税调整金额	累计结转以后年度扣除额
		1	2	3	4	5（1-4）	6（1+3-4）
1	一、工资薪金支出		*	*			*
2	其中：股权激励		*	*			*
3	二、职工福利费支出			*			*
4	三、职工教育经费支出		*				
5	其中：按税收规定比例扣除的职工教育经费						
6	按税收规定全额扣除的职工培训费用			*			*
7	四、工会经费支出			*			*
8	五、各类基本社会保障性缴款		*	*			*
9	六、住房公积金		*	*			*
10	七、补充养老保险			*			*
11	八、补充医疗保险			*			*
12	九、其他		*				
13	合计（1+3+4+7+8+9+10+11+12）		*				

填报说明：

本表适用于发生职工薪酬纳税调整项目的纳税人填报。纳税人根据税法、《国家税务总局关于企业工资薪金及职工福利费扣除问题的通知》（国税函〔2009〕3号）、《财政部　国家税务总局关于扶持动漫产业发展有关税收政策问题的通知》（财税〔2009〕65号）、《财政部　国家税务总局　商务部　科技部　国家发展改革委　关于技术先进型服务企业有关企业所得税政策问题的通知》（财税〔2010〕65号）、《财政部　国家税务总局关于进一步鼓励软件产业和集成电路产业发展企业所得税政策的通知》（财税〔2012〕27号）等相关规定，以及国家统一企业会计制度，填报纳税人职工薪酬会计处理、税法规定，以及纳税调整情况。

1.有关项目填报说明

（1）第1行“工资薪金支出”：第1列“账载金额”填报纳税人会计核算计入成本费用

的职工工资、奖金、津贴和补贴金额；第4列“税收金额”填报按照税法规定允许税前扣除的金额；第5列“纳税调整金额”为第1-4列的余额。

（2）第2行“股权激励”：第1列“账载金额”填报纳税人按照国家有关规定建立职工股权激励计划，会计核算计入成本费用的金额；第4列“税收金额”填报行权时按照税法规定允许税前扣除的金额；第5列“纳税调整金额”为第1-4列的余额。

（3）第3行“职工福利费支出”：第1列“账载金额”填报纳税人会计核算计入成本费用的职工福利费的金额；第2列“税收规定扣除率”填报税法规定的扣除比例（14%）；第4列“税收金额”填报按照税法规定允许税前扣除的金额，按第1行第4列“工资薪金支出-税收金额”×14%的孰小值填报；第5列“纳税调整金额”为第1-4列的余额。

（4）第4行“职工教育经费支出”：根据第5行或者第5+6行之和填报。

（5）第5行“按税收规定比例扣除的职工教育经费”：适用于按照税法规定职工教育经费按比例税前扣除的纳税人填报。第1列“账载金额”填报纳税人会计核算计入成本费用的金额，不包括第6行可全额扣除的职工培训费用金额；第2列“税收规定扣除率”填报税法规定的扣除比例；第3列“以前年度累计结转扣除额”填报以前年度累计结转准予扣除的职工教育经费支出余额；第4列“税收金额”填报按照税法规定允许税前扣除的金额，按第1行第4列“工资薪金支出-税收金额”×扣除比例与本行第1+3列之和的孰小值填报；第5列“纳税调整金额”，为第1-4列的余额；第6列“累计结转以后年度扣除额”，为第1+3-4列的金额。

（6）第6行“按税收规定全额扣除的职工培训费用”：适用于按照税法规定职工培训费用允许全额税前扣除的纳税人填报。第1列“账载金额”填报纳税人会计核算计入成本费用，且按税法规定允许全额扣除的职工培训费用金额；第2列“税收规定扣除率”填报税法规定的扣除比例（100%）；第4列“税收金额”填报按照税法规定允许税前扣除的金额；第5列“纳税调整金额”为第1-4列的余额。

（7）第7行“工会经费支出”：第1列“账载金额”填报纳税人会计核算计入成本费用的工会经费支出金额；第2列“税收规定扣除率”填报税法规定的扣除比例（2%）；第4列“税收金额”填报按照税法规定允许税前扣除的金额，按第1行第4列“工资薪金支出-税收金额”×2%与本行第1列的孰小值填报；第5列“纳税调整金额”为第1-4列的余额。

（8）第8行“各类基本社会保障性缴款”：第1列“账载金额”填报纳税人会计核算的各类基本社会保障性缴款的金额；第4列“税收金额”填报按照税法规定允许税前扣除的各类基本社会保障性缴款的金额。第5列“纳税调整金额”为第1-4列的余额。

（9）第9行“住房公积金”：第1列“账载金额”填报纳税人会计核算的住房公积金金额；第4列“税收金额”填报按照税法规定允许税前扣除的住房公积金金额；第5列“纳税调整金额”为第1-4列的余额。

（10）第10行“补充养老保险”：第1列“账载金额”填报纳税人会计核算的补充养老保险金额；第4列“税收金额”填报按照税法规定允许税前扣除的补充养老保险金额，按第1行第4列“工资薪金支出-税收金额”×5%与本行第1列的孰小值填报；第5列“纳税调整金额”为第1-4列的余额。

（11）第11行“补充医疗保险”：第1列“账载金额”填报纳税人会计核算的补充医疗保险金额；第4列“税收金额”填报按照税法规定允许税前扣除的金额，按第1行第4列“工资薪金支出-税收金额”×5%与本行第1列的孰小值填报；第5列“纳税调整金额”为第1-4列的余额。

（12）第12行“其他”：填报其他职工薪酬支出会计处理、税法规定情况及纳税调整金额。

（13）第13行“合计”：填报第1+3+4+7+8+9+10+11+12行的金额。

2.表内、表间关系

（1）表内关系。

①第4行＝第5行或第5+6行。

②第13行＝第1+3+4+7+8+9+10+11+12行。

③第5列＝第1-4列。

④第6列＝第1+3-4列。

（2）表间关系。

①第13行第1列＝表A105000第14行第1列。

②第13行第4列＝表A105000第14行第2列。

③第13行第5列，若≥0，填入表A105000第14行第3列；若＜0，将其绝对值填入表A105000第14行第4列。

A105060

广告费和业务宣传费跨年度纳税调整明细表

行次	项目	金额
1	一、本年广告费和业务宣传费支出	
2	减：不允许扣除的广告费和业务宣传费支出	
3	二、本年符合条件的广告费和业务宣传费支出（1-2）	
4	三、本年计算广告费和业务宣传费扣除限额的销售（营业）收入	
5	税收规定扣除率	
6	四、本企业计算的广告费和业务宣传费扣除限额（4×5）	
7	五、本年结转以后年度扣除额（3＞6，本行=3-6；3≤6，本行=0）	
8	加：以前年度累计结转扣除额	
9	减：本年扣除的以前年度结转额[3＞6，本行=0；3≤6，本行=8或（6-3）孰小值]	
10	六、按照分摊协议归集至其他关联方的广告费和业务宣传费（10≤3或6孰小值）	
11	按照分摊协议从其他关联方归集至本企业的广告费和业务宣传费	
12	七、本年广告费和业务宣传费支出纳税调整金额（3＞6，本行=2+3-6+10-11；3≤6，本行=2+10-11-9）	
13	八、累计结转以后年度扣除额（7+8-9）	

填报说明：

本表适用于发生广告费和业务宣传费纳税调整项目的纳税人填报。纳税人根据税法、《财政部 国家税务总局关于广告费和业务宣传费支出税前扣除政策的通知》（财税〔2012〕48号）等相关规定，以及国家统一企业会计制度，填报广告费和业务宣传费会计处理、税法规定，以及跨年度纳税调整情况。

1.有关项目填报说明

（1）第1行“本年广告费和业务宣传费支出”：填报纳税人会计核算计入本年损益的广告费和业务宣传费用金额。

（2）第2行“不允许扣除的广告费和业务宣传费支出”：填报税法规定不允许扣除的广告费和业务宣传费支出金额。

（3）第3行“本年符合条件的广告费和业务宣传费支出”：填报第1-2行的金额。

（4）第4行“本年计算广告费和业务宣传费扣除限额的销售（营业）收入”：填报按照税法规定计算广告费和业务宣传费扣除限额的当年销售（营业）收入。

（5）第5行“税收规定扣除率”：填报税法规定的扣除比例。

（6）第6行“本企业计算的广告费和业务宣传费扣除限额”：填报第4×5行的金额。

（7）第7行“本年结转以后年度扣除额”：若第3行＞第6行,填报第3-6行的金额；若第3行≤第6行,填0。

（8）第8行“以前年度累计结转扣除额”：填报以前年度允许税前扣除但超过扣除限额未扣除、结转扣除的广告费和业务宣传费的金额。

（9）第9行“本年扣除的以前年度结转额”：若第3行＞第6行,填0；若第3行≤第6行,填报第6-3行或第8行的孰小值。

（10）第10行“按照分摊协议归集至其他关联方的广告费和业务宣传费”：填报签订广告费和业务宣传费分摊协议（以下简称分摊协议）的关联企业的一方，按照分摊协议，将其发生的不超过当年销售（营业）收入税前扣除限额比例内的广告费和业务宣传费支出归集至其他关联方扣除的广告费和业务宣传费，本行应≤第3行或第6行的孰小值。

（11）第11行“按照分摊协议从其他关联方归集至本企业的广告费和业务宣传费”：填报签订广告费和业务宣传费分摊协议（以下简称分摊协议）的关联企业的一方，按照分摊协议，从其他关联方归集至本企业的广告费和业务宣传费。

（12）第12行“本年广告费和业务宣传费支出纳税调整金额”：若第3行＞第6行,填报第2+3-6+10-11行的金额；若第3行≤第6行,填报第2+10-11-9行的金额。

（13）第13行“累计结转以后年度扣除额”：填报第7+8-9行的金额。

2.表内、表间关系

（1）表内关系。

①第3行＝第1-2行。

②第6行＝第4×5行。

③若第3＞6行，第7行=第3-6行；若第3≤6行, 第7行=0。

④若第3＞6行，第9行=0；若第3≤6行, 第9行=第8行或第6-3行的孰小值。

⑤若第3＞6行，第12行=2+3-6+10-11行；若第3≤6行, 第12行＝第2-9+10-11行。

⑥第13行=第7+8-9行。

（2）表间关系。

第12行，若≥0，填入表A105000第16行第3列；若<0，将第12行的绝对值填入表A105000第16行第4列。

A105070

捐赠支出纳税调整明细表

行次	受赠单位名称	公益性捐赠				非公益性捐赠	纳税调整金额
		账载金额	按税收规定计算的扣除限额	税收金额	纳税调整金额	账载金额	
	1	2	3	4	5（2-4）	6	7（5+6）
1			*	*	*		*
2			*	*	*		*
3			*	*	*		*
4			*	*	*		*
5			*	*	*		*
20	合　计						

填报说明：

本表适用于发生捐赠支出纳税调整项目的纳税人填报。纳税人根据税法、《财政部 国家税务总局关于公益性捐赠税前扣除有关问题的通知》（财税〔2008〕160号）等相关规定，以及国家统一企业会计制度，填报捐赠支出会计处理、税法规定，以及纳税调整情况。税法规定予以全额税前扣除的公益性捐赠不在本表填报。

1.有关项目填报说明

（1）第1列"受赠单位名称"：填报捐赠支出的具体受赠单位，按受赠单位进行明细填报。

（2）第2列"公益性捐赠——账载金额"：填报纳税人会计核算计入本年损益的公益性捐赠支出金额。

（3）第3列"公益性捐赠——按税收规定计算的扣除限额"：填报年度利润总额×12%。

（4）第4列"公益性捐赠——税收金额"：填报税法规定允许税前扣除的公益性捐赠支出金额，不得超过当年利润总额的12%，按第2列与第3列孰小值填报。

（5）第5列"公益性捐赠——纳税调整金额"：填报第2-4列的金额。

（6）第6列"非公益性捐赠——账载金额"：填报会计核算计入本年损益的税法规定公益性捐赠以外的其他捐赠金额。

（7）第7列"纳税调整金额"：填报第5+6列的金额。

2.表内、表间关系

（1）表内关系。

①第20行第5列＝第20行第2-4列。

②第20行第7列＝第20行第5+6列。

（2）表间关系。

①第20行第2+6列＝表A105000第17行第1列。

②第20行第4列＝表A105000第17行第2列。

③第20行第7列＝表A105000第17行第3列。

A105080

资产折旧、摊销情况及纳税调整明细表

行次	项目	账载金额			税收金额					纳税调整	
		资产账载金额	本年折旧、摊销额	累计折旧、摊销额	资产计税基础	按税收一般规定计算的本年折旧、摊销额	本年加速折旧额	其中：2014年及以后年度新增固定资产加速折旧额（填写A105081）	累计折旧、摊销额	金额	调整原因
		1	2	3	4	5	6	7	8	9(2-5-6)	10
1	一、固定资产（2+3+4+5+6+7）										
2	（一）房屋、建筑物										
3	（二）飞机、火车、轮船、机器、机械和其他生产设备										
4	（三）与生产经营活动有关的器具、工具、家具等										
5	（四）飞机、火车、轮船以外的运输工具										
6	（五）电子设备										
7	（六）其他										
8	二、生产性生物资产（9+10）							*			
9	（一）林木类							*			
10	（二）畜类							*			
11	三、无形资产（12+13+14+15+16+17+18）						*	*			

续表

行次	项目	账载金额			税收金额					纳税调整	
		资产账载金额	本年折旧、摊销额	累计折旧、摊销额	资产计税基础	按税收一般规定计算的本年折旧、摊销额	本年加速折旧额	其中：2014年及以后年度新增固定资产加速折旧额（填写A105081）	累计折旧、摊销额	金额	调整原因
		1	2	3	4	5	6	7	8	9(2-5-6)	10
12	（一）专利权						*	*			
13	（二）商标权						*	*			
14	（三）著作权						*	*			
15	（四）土地使用权						*	*			
16	（五）非专利技术						*	*			
17	（六）特许权使用费						*	*			
18	（七）其他						*	*			
19	四、长期待摊费用（20+21+22+23+24）						*	*			
20	（一）已足额提取折旧的固定资产的改建支出						*	*			
21	（二）租入固定资产的改建支出						*	*			
22	（三）固定资产的大修理支出						*	*			
23	（四）开办费						*	*			
24	（五）其他						*	*			
25	五、油气勘探投资						*	*			
26	六、油气开发投资						*	*			
27	合计（1+8+11+19+25+26）										*

填报说明：

本表适用于发生资产折旧、摊销及存在资产折旧、摊销纳税调整的纳税人填报。纳税人根据税法、《国家税务总局关于企业固定资产加速折旧所得税处理有关问题的通知》（国税发〔2009〕81号）、《国家税务总局关于融资性售后回租业务中承租方出售资产行为有关税收问题的公告》（国家税务总局公告2010年第13号）、《国家税务总局关于企业所得税若干问题的公告》（国家税务总局公告2011年第34号）、《国家税务总局关于发布〈企业所得税政策性搬迁所得税管理办法〉的公告》（国家税务总局公告2012年第40号）、《国家税务总局关于企业所得税应纳税所得额若干问题的公告》（国家税务总局公告2014年第29号）等相关规定，以及国家统一企业会计制度，填报资产折旧或摊销的会计处理、税法规定，以及纳税调整情况。

1.有关项目填报说明

（1）第1列"资产账载金额"：填报纳税人会计处理计提折旧、摊销的资产原值（或历史成本）的金额。

（2）第2列"本年折旧、摊销额"：填报纳税人会计核算的本年资产折旧、摊销额。

（3）第3列"累计折旧、摊销额"：填报纳税人会计核算的历年累计资产折旧、摊销额。

（4）第4列"资产计税基础"：填报纳税人按照税法规定据以计算折旧、摊销的资产原值（或历史成本）的金额。

（5）第5列"按税收一般规定计算的本年折旧、摊销额"：填报纳税人按照税法一般规定计算的允许税前扣除的本年资产折旧、摊销额，不含加速折旧部分。

对于不征税收入形成的资产，其折旧、摊销额不得在税前扣除。第5至8列税收金额应剔除不征税收入所形成资产的折旧、摊销额。

（6）第6列"本年加速折旧额"：填报纳税人按照税法规定的加速折旧政策计算的折旧额。

（7）第7列"2014年及以后年度新增固定资产加速折旧额"：根据"固定资产加速折旧、扣除明细表"（A105081）填报，为表A105081相应固定资产类别的金额。

（8）第8列"累计折旧、摊销额"：填报纳税人按照税法规定计算的历年累计资产折旧、摊销额。

（9）第9列"金额"：填报第2-5-6列的余额。

（10）第10列"调整原因"：根据差异原因进行填报，如折旧年限、折旧方法、计提原值；由于多种原因造成差异的，按实际原因可多项填报。

2.表内、表间关系

（1）表内关系。

①第1行＝第2+3+4+5+6+7行。

②第8行＝第9+10行。

③第11行＝第12+13+14+15+16+17+18行。

④第19行＝第20+21+22+23+24行。

⑤第27行＝第1+8+11+19+25+26行。

⑥第9列＝第2-5-6列。

（2）表间关系。

①第27行第2列＝表A105000第31行第1列。

②第27行第5+6列＝表A105000第31行第2列。

③第27行第9列，若≥0，填入表A105000第31行第3列；若＜0，将绝对值填入表A105000第31行第4列。

④第1行第7列＝表A105081第1行第18列。

⑤第2行第7列＝表A105081第1行第2列。

⑥第3行第7列＝表A105081第1行第5列。

⑦第4行第7列＝表A105081第1行第8列。

⑧第5行第7列＝表A105081第1行第11列。

⑨第6行第7列＝表A105081第1行第14列。

A105081

固定资产加速折旧、扣除明细表

行次	项目	房屋、建筑物			飞机、火车、轮船、机器、机械和其他生产设备			与生产经营活动有关的器具、工具、家具			飞机、火车、轮船以外的运输工具			电子设备			合 计				
		原值	本期折旧（扣除）额	累计折旧（扣除）额	原值	本期折旧（扣除）额	累计折旧（扣除）额	原值	本期折旧（扣除）额	累计折旧（扣除）额	原值	本期折旧（扣除）额	累计折旧（扣除）额	原值	本期折旧（扣除）额	累计折旧（扣除）额	原值	本期折旧（扣除）额		累计折旧（扣除）额	
																		正常折旧额	加速折旧额	正常折旧额	加速折旧额
		1	2	3	4	5	6	7	8	9	10	11	12	13	14	15	16	17	18	19	20
1	一、六大行业固定资产																				
2	（一）生物药品制造业																				
3	（二）专用设备制造业																				
4	（三）铁路、船舶、航空航天和其他运输设备制造业																				
5	（四）计算机、通信和其他电子设备制造业																				
6	（五）仪器仪表制造业																				
7	（六）信息传输、软件和信息技术服务业																				

续表

行次	项目	房屋、建筑物			飞机、火车、轮船、机器、机械和其他生产设备			与生产经营活动有关的器具、工具、家具			飞机、火车、轮船以外的运输工具			电子设备			合计				
		原值	本期折旧（扣除）额	累计折旧（扣除）额	原值	本期折旧（扣除）额	累计折旧（扣除）额	原值	本期折旧（扣除）额	累计折旧（扣除）额	原值	本期折旧（扣除）额	累计折旧（扣除）额	原值	本期折旧（扣除）额	累计折旧（扣除）额	原值	本期折旧（扣除）额		累计折旧（扣除）额	
																		正常折旧额	加速折旧额	正常折旧额	加速折旧额
		1	2	3	4	5	6	7	8	9	10	11	12	13	14	15	16	17	18	19	20
8	（七）其他行业																				
9	二、允许一次性扣除的固定资产																				
10	（一）单位价值不超过100万元的研发仪器、设备																				
11	其中：六大行业小型微利企业研发和生产经营共用的仪器、设备																				
12	（二）单位价值不超过5 000元的固定资产																				
13	总　计																				

填报说明：

本表适用于按照《财政部　国家税务总局关于完善固定资产加速折旧税收政策有关问题的通知》（财税〔2014〕75号）规定，六大行业固定资产加速折旧、缩短折旧年限，以及其他企业研发仪器、设备，单项固定资产价值低于5 000元的一次性扣除等，享受税收优惠政策的统计情况。

《国家税务总局关于企业固定资产加速折旧所得税处理有关问题的通知》（国税发〔2009〕81号）规定的固定资产加速折旧，不填报本表。

为统计加速折旧、扣除政策的优惠数据，固定资产填报按以下情况分别填报：

一是会计处理采取正常折旧方法，税法规定采取缩短年限方法的，按税法规定折旧完毕后，该项固定资产不再填写本表；

二是会计处理采取正常折旧方法，税法规定采取年数总和法、双倍余额递减法的，从按税法规定折旧金额小于按会计处理折旧金额的年度起，该项固定资产不再填写本表；

三是会计处理、税法规定均采取加速折旧方法的，合计栏项下“正常折旧额”，按该类固定资产税法最低折旧年限和直线法估算“正常折旧额”，与税法规定的“加速折旧额”的差额，填报加速折旧的优惠金额。

税法规定采取缩短年限方法的，在折旧完毕后，该项固定资产不再填写本表。税法规定采取年数总和法、双倍余额递减法的，自加速折旧额小于会计处理折旧额（或正常折旧额）的月份、季度起，该项固定资产不再填写本表。

1.有关项目填报说明

（1）行次填报。

①第1行“六大行业固定资产”：填报六大行业（包括生物药品制造业，专用设备制造业，铁路、船舶、航空航天和其他运输设备制造业，计算机、通信和其他电子设备制造业，仪器仪表制造业，信息传输、软件和信息技术服务业等行业）纳税人，2014年1月1日后新购进的固定资产，按照财税〔2014〕75号和国家税务总局相关规定的加速折旧政策计算的各项固定资产的加速折旧额；以及与按照税收一般规定计算的折旧额的差额。本表根据固定资产类别填报相应数据列。

第2行至第7行，由六大行业中的企业根据所在行业固定资产加速折旧情况进行填报。

②第8行“其他行业”：由单位价值超过100万元的研发仪器、设备采取缩短折旧年限或加速折旧方法的六大行业以外的其他企业填写。

③第9行“允许一次性扣除的固定资产”：填报2014年1月1日后新购进单位价值不超过100万元的用于研发的仪器、设备和单位价值不超过5 000元的固定资产，按照税法规定一次性在当期所得税前扣除的金额。

小型微利企业研发与经营活动共用的仪器、设备一次性扣除，同时填写本表第10行、第11行。

（2）列次填报。

除第17列外，其他列次有关固定资产原值、折旧额，均按税收规定填写。

①原值：填写固定资产的计税基础。自行建造固定资产，按照会计实际入账价值确定。

②本期折旧（扣除）额：按税法规定计算填写当年度折旧（扣除）额。

③累计折旧（扣除）额：按税法规定计算填写享受加速折旧优惠政策的固定资产自起始年度至本年度的累计折旧（扣除）额。

④合计栏“本期折旧（扣除）额”中的“加速折旧额”减“正常折旧额”的差额，反映本期加速折旧或一次性扣除政策导致应纳税所得额减少的金额。“累计折旧（扣除）额”中的“加速折旧额”减“正常折旧额”的差额，反映该类资产加速折旧或一次性扣除政策导致应纳税所得额减少的金额。

第17列、19列“正常折旧额”：会计上未采取加速折旧方法的，按照会计账册反映的折旧额填报。

会计上采取缩短年限法的，按照不短于税法上该类固定资产最低折旧年限和直线法计算的折旧额填报；会计上采取年数总和法、双倍余额递减法的，按照直线法换算的折旧额填报。当会计折旧额小于税法加速折旧额时，该类固定资产不再填报本表。

第18列、20列“加速折旧额”：填报固定资产按照缩短折旧年限法、年数总和法、双倍余额递减法、一次性扣除政策等，在本年度实际计入应纳税所得额的数额。

2.表内、表间关系

（1）表内关系。

①第16列 = 第1+4+7+10+13列。

②第18列=第2+5+8+11+14列。

③第20列=第3+6+9+12+15列。

④第1行 = 第2+3+4+5+6+7行。

⑤第9行 = 第10+12行。

（2）表间关系。

①第1行第18列=表A105080第1行第7列。

②第1行第2列=表A105080第2行第7列。

③第1行第5列=表A105080第3行第7列。

④第1行第8列=表A105080第4行第7列。

⑤第1行第11列=表A105080第5行第7列。

⑥第1行第14列=表A105080第6行第7列。

A107010

免税、减计收入及加计扣除优惠明细表

行次	项目	金额
1	一、免税收入（2+3+4+5）	
2	（一）国债利息收入	
3	（二）符合条件的居民企业之间的股息、红利等权益性投资收益（填写A107011）	
4	（三）符合条件的非营利组织的收入	
5	（四）其他专项优惠（6+7+8+9+10+11+12+13+14）	
6	1.中国清洁发展机制基金取得的收入	
7	2.证券投资基金从证券市场取得的收入	
8	3.证券投资基金投资者获得的分配收入	
9	4.证券投资基金管理人运用基金买卖股票、债券的差价收入	
10	5.取得的地方政府债券利息所得或收入	
11	6.受灾地区企业取得的救灾和灾后恢复重建款项等收入	
12	7.中国期货保证金监控中心有限责任公司取得的银行存款利息等收入	

续表

行次	项目	金额
13	8.中国保险保障基金有限责任公司取得的保险保障基金等收入	
14	9.其他	
15	二、减计收入（16+17）	
16	（一）综合利用资源生产产品取得的收入（填写A107012）	
17	（二）其他专项优惠（18+19+20）	
18	1.金融、保险等机构取得的涉农利息、保费收入（填写A107013）	
19	2.取得的中国铁路建设债券利息收入	
20	3.其他	
21	三、加计扣除（22+23+26）	
22	（一）开发新技术、新产品、新工艺发生的研究开发费用加计扣除（填写A107014）	
23	（二）安置残疾人员及国家鼓励安置的其他就业人员所支付的工资加计扣除（24+25）	
24	1.支付残疾人员工资加计扣除	
25	2.国家鼓励的其他就业人员工资加计扣除	
26	（三）其他专项优惠	
27	合计（1+15+21）	

填报说明：

本表适用于享受免税收入、减计收入和加计扣除优惠的纳税人填报。纳税人根据税法及相关税收政策规定，填报本年发生的免税收入、减计收入和加计扣除优惠情况。

1.有关项目填报说明

（1）第1行“免税收入”：填报第2+3+4+5行的金额。

（2）第2行“国债利息收入”：填报纳税人根据《国家税务总局关于企业国债投资业务企业所得税处理问题的公告》（国家税务总局公告2011年第36号）等相关税收政策规定，持有国务院财政部门发行的国债取得的利息收入。

（3）第3行“符合条件的居民企业之间的股息、红利等权益性投资收益”：填报“符合条件的居民企业之间的股息、红利等权益性投资收益情况明细表”（A107011）第10行第16列金额。

（4）第4行“符合条件的非营利组织的收入”：填报纳税人根据《财政部　国家税务总局关于非营利组织企业所得税免税收入问题的通知》（财税〔2009〕122号）、《财政部　国家税务总局关于非营利组织免税资格认定管理有关问题的通知》（财税〔2014〕13号）等相关税收政策规定，同时符合条件并依法履行登记手续的非营利组织取得的捐赠收入等免税收入，不包括从事营利性活动所取得的收入。

（5）第5行“其他专项优惠”：填报第6+7+8+9+10+11+12+13+14行的金额。

（6）第6行“中国清洁发展机制基金取得的收入”：填报纳税人根据《财政部　国家税务总局关于中国清洁发展机制基金及清洁发展机制项目实施企业有关企业所得税政策问题的通知》（财税〔2009〕30号）等相关税收政策规定，中国清洁发展机制基金取得的CDM项目温室气体减排量转让收入上缴国家的部分，国际金融组织赠款收入，基金资金的存款利息收入、购买国债的利息收入，国内外机构、组织和个人的捐赠收入。

（7）第7行“证券投资基金从证券市场取得的收入”：填报纳税人根据《财政部　国家税务总局关于企业所得税若干优惠政策的通知》（财税〔2008〕1号）第二条第一款等相关税收政策规定，证券投资基金从证券市场中取得的收入，包括买卖股票、债券的差价收入，股权的股息、红利收入，债券的利息收入及其他收入。

（8）第8行“证券投资基金投资者获得的分配收入”：填报纳税人根据《财政部　国家税务总局关于企业所得税若干优惠政策的通知》（财税〔2008〕1号）第二条第二款等相关税收政策规定，投资者从证券投资基金分配中取得的收入。

（9）第9行“证券投资基金管理人运用基金买卖股票、债券的差价收入”：填报纳税人根据《财政部 国家税务总局关于企业所得税若干优惠政策的通知》（财税〔2008〕1号）第二条第三款等相关税收政策规定，证券投资基金管理人运用基金买卖股票、债券的差价收入。

（10）第10行“取得的地方政府债券利息所得或收入”：填报纳税人根据《财政部　国家税务总局关于地方政府债券利息所得免征所得税问题的通知》（财税〔2011〕76号）、《财政部　国家税务总局关于地方政府债券利息免征所得税问题的通知》（财税〔2013〕5号）等相关税收政策规定，取得的2009年、2010年和2011年发行的地方政府债券利息所得，2012年及以后年度发行的地方政府债券利息收入。

（11）第11行“受灾地区企业取得的救灾和灾后恢复重建款项等收入”：填报受灾地区企业根据相关税收政策规定，通过公益性社会团体、县级以上人民政府及其部门取得的抗震救灾和灾后恢复重建款项和物资，以及税收法律、法规和国务院批准的减免税金及附加收入。

（12）第12行“中国期货保证金监控中心有限责任公司取得的银行存款利息等收入”：填报中国期货保证金监控中心有限责任公司根据《财政部　国家税务总局关于期货投资者保障基金有关税收政策继续执行的通知》（财税〔2013〕80号）等相关税收政策规定，取得的银行存款利息收入，购买国债、中央银行和中央级金融机构发行债券的利息收入，以及证监会和财政部批准的其他资金运用取得的收入。

（13）第13行“中国保险保障基金有限责任公司取得的保险保障基金等收入”：填报中国保险保障基金有限责任公司根据《财政部　国家税务总局关于保险保障基金有关税收政策继续执行的通知》（财税〔2013〕81号）等相关税收政策规定，根据《保险保障基金管理办法》取得的境内保险公司依法缴纳的保险保障基金；依法从撤销或破产保险公司清算财产中获得的受偿收入和向有关责任方追偿的所得，以及依法从保险公司风险处置中获得的财产转让所得；捐赠所得；银行存款利息收入；购买政府债券、中央银行、中央企业和中央级金融机构发行债券的利息收入；国务院批准的其他资金运用取得的收入。

（14）第14行“其他”：填报纳税人享受的其他免税收入金额。

（15）第15行“减计收入”：填报第16+17行的金额。

（16）第16行“综合利用资源生产产品取得的收入”：填报“综合利用资源生产产品取得的收入优惠明细表”（A107012）第10行第10列的金额。

（17）第17行“其他专项优惠”：填报第18+19+20行的金额。

（18）第18行“金融、保险等机构取得的涉农利息、保费收入”：填报“金融、保险等机构取得的涉农利息、保费收入优惠明细表”（A107013）第13行的金额。

（19）第19行“取得的中国铁路建设债券利息收入”：填报纳税人根据《财政部　国家税务总局关于铁路建设债券利息收入企业所得税政策的通知》（财税〔2011〕99号）、《财政部　国家税务总局关于2014　2015年铁路建设债券利息收入企业所得税政策的通知》（财税〔2014〕2号）等相关税收政策规定，对企业持有发行的中国铁路建设债券取得的利息收入，减半征收企业所得税。本行填报政策规定减计50%收入的金额。

（20）第20行“其他”：填报纳税人享受的其他减计收入金额。

（21）第21行“加计扣除”：填报第22+23+26行的金额。

（22）第22行“开发新技术、新产品、新工艺发生的研究开发费用加计扣除”：填报“研发费用加计扣除优惠明细表”（A107014）第10行第19列的金额。

（23）第23行“安置残疾人员及国家鼓励安置的其他就业人员所支付的工资加计扣除”：填报第24+25行的金额。

（24）第24行“支付残疾人员工资加计扣除”：填报纳税人根据《财政部 国家税务总局关于安置残疾人员就业有关企业所得税优惠政策问题的通知》（财税〔2009〕70号）等相关税收政策规定，安置残疾人员的，在支付给残疾职工工资据实扣除的基础上，按照支付给残疾职工工资的100%加计扣除的金额。

（25）第25行“国家鼓励的其他就业人员工资加计扣除”：填报享受企业向其他就业人员支付工资加计扣除金额。

（26）第26行“其他专项优惠”：填报纳税人享受的其他加计扣除的金额。

（27）第27行“合计”：填报第1+15+21行的金额。

2.表内、表间关系

（1）表内关系。

①第1行＝第2+3+4+5行。

②第5行＝第6+7+8+9+10+11+12+13+14行。

③第15行＝第16+17行。

④第17行＝第18+19+20行。

⑤第21行＝第22+23+26行。

⑥第23行＝第24+25行。

⑦第27行=第1+15+21行。

（2）表间关系。

①第27行＝表A100000第17行。

②第3行＝表A107011第10行第16列。

③第16行＝表107012第10行第10列。

④第18行＝表A107013第13行。

⑤第22行＝表A107014第10行第19列。

A107011

符合条件的居民企业之间的股息、红利等权益性投资收益优惠明细表

行次	被投资企业	投资性质	投资成本	投资比例	被投资企业利润分配确认金额		被投资企业清算确认金额			撤回或减少投资确认金额						合计
					被投资企业做出利润分配或转股决定的时间	依决定归属于本公司的股息、红利等权益性投资收益金额	分得的被投资企业清算剩余资产	被清算企业累计未分配利润和累计盈余公积应享有部分	应确认的股息所得	从被投资企业撤回或减少投资取得的资产	减少投资比例	收回初始投资成本	取得资产中超过收回初始投资成本部分	撤回或减少投资应享有被投资企业累计未分配利润和累计盈余公积	应确认的股息所得	
	1	2	3	4	5	6	7	8	9（7与8孰小）	10	11	12（3×11）	13（10-12）	14	15(13与14孰小)	16（6+9+15）
1																
2																
3																
4																
5																
6																
7																
8																
9																
10	合计	*	*	*	*		*	*		*	*	*	*	*		

填报说明：

本表适用于享受符合条件的居民企业之间的股息、红利等权益性投资收益优惠的纳税人填报。纳税人根据税法、《财政部 国家税务总局关于企业清算业务企业所得税处理若干问题的通知》（财税〔2009〕60号）、《财政部 国家税务总局关于执行企业所得税优惠政策若干问题的通知》（财税〔2009〕69号）、《国家税务总局关于贯彻落实企业所得税法若干税收问题的通知》（国税函〔2010〕79号）、《国家税务总局关于企业所得税若干问题的公告》（国家税务总局公告2011年第34号）等相关税收政策规定，填报本年发生的符合条件的居民企业之间的股息、红利等权益性投资收益优惠情况，不包括连续持有居民企业公开发行并上市流通的股票不足12个月取得的投资收益。

1.有关项目填报说明

（1）行次按不同的被投资企业分别填报。

（2）第1列“被投资企业”：填报被投资企业名称。

（3）第2列“投资性质”：填报直接投资或股票投资。

（4）第3列“投资成本”：填报纳税人投资于被投资企业的计税成本。

（5）第4列“投资比例”：填报纳税人投资于被投资企业的股权比例；购买公开发行股票的，此列可不填报。

（6）第5列“被投资企业做出利润分配或转股决定的时间”：填报被投资企业做出利润分配或转股决定的时间。

（7）第6列“依决定归属于本公司的股息、红利等权益性投资收益金额”：填报纳税人按照投资比例计算的归属于本公司的股息、红利等权益性投资收益金额。若被投资企业将股权（票）溢价所形成的资本公积转为股本，不作为投资方企业的股息、红利收入，投资方企业不得增加该项长期投资的计税基础。

（8）第7列“分得的被投资企业清算剩余资产”：填报纳税人分得的被投资企业清算后的剩余资产。

（9）第8列“被清算企业累计未分配利润和累计盈余公积应享有部分”：填报被清算企业累计未分配利润和累计盈余公积中本企业应享有的金额。

（10）第9列“应确认的股息所得”：填报第7列与第8列孰小数。

（11）第10列“从被投资企业撤回或减少投资取得的资产”：填报纳税人从被投资企业撤回或减少投资时取得的资产。

（12）第11列“减少投资比例”：填报纳税人撤回或减少的投资额占被投资企业的股权比例。

（13）第12列“收回初始投资成本”：填报第3×11列的金额。

（14）第13列“取得资产中超过收回初始投资成本部分”：填报第10-12列的金额。

（15）第14列“撤回或减少投资应享有被投资企业累计未分配利润和累计盈余公积”：填报被投资企业累计未分配利润和累计盈余公积按减少实收资本比例计算的部分。

（16）第15列“应确认的股息所得”：填报第13列与第14列孰小数。

（17）第17列“合计”：填报第6+9+15列的金额。

（18）第10行“合计”：填报第1+2+3+4+5+6+7+8+9行的金额。

2.表内、表间关系

（1）表内关系。

①第12列＝第3×11列。

②第13列＝第10-12列。

③第16列＝第6+9+15列。

④第9列：第7列与第8列孰小数。

⑤第15列：第13列与第14列孰小数。

⑥第10行＝第1+2+3+4+5+6+7+8+9行。

（2）表间关系。

第10行第16列＝表A107010第3行。

3.6.5　城镇土地使用税纳税申报表

城镇土地使用税纳税申报表

所属时间：　　年　月　日至　年　月　日

纳税人名称：　　　　　　纳税人识别号：　　　　　　单位：元、平方米、元/平方米

序号	土地等级	土地税源编号	土地坐落地址	应税土地面积	免税土地面积	其中：耕地占用第一年面积	其中：其他免税土地面积	计税土地面积	单位税额	本年应纳税额	减免税额	本期应纳税额	本期已缴税额	本期应补退税额
1	2	3	4	5	6	7	8	9=5-6	10	11=9×10	12	13=11-12	14	15=13-14
合计														

法定代表人（负责人）（签章）：

经办人（公章）：

填报日期：　年　月　日

受理人：

税务机关（公章）：

填报日期：　年　月　日

填表说明：

（1）本表适用于城镇土地使用税纳税人填报。

（2）土地等级按照纳税人占用的土地所在地的县（市）人民政府划分的土地等级填列。

（3）土地税源编号是纳税人在“城镇土地使用税税源登记表”中所填报的“土地编号”。

（4）土地坐落地址：土地管理部门已核发土地证的，应根据土地证填写。

（5）本表第一联存根联，经税务机关审核后返回纳税人留存，作为已申报凭据；第二联申报联，征收机关作为户管资料留存。

3.6.6 房产税纳税申报表

纳税人必须自行申报纳税

房产税纳税申报表

税款所属时间： 年 月 日至 年 月 日

纳税人识别号															

单位：元（列至角分）

纳税人名称		本年度纳税期限(按年或半年、季度)	
纳税人识别号		税务登记证号	
地址		开户银行和账号	
企业类型		联系电话	
申报内容			

类别代码 1	从价计征(纳税期限同上)											
	房产原值 2	计税余值 3=2×70%	税率 1.2% 4	全年应纳税额 5=3×4	本期应纳税额 6	前期已纳税额 7	期末未缴税额 8=5−6−7	上期缓征到期数 9	本期申请缓缴数 10	缴纳以往年度欠税 11	应缴税额 12	滞纳金 13
合计												

类别代码 1	从租计征								
	房产原值 2	租金收入 3	税率 % 4	应纳税额 5=9×4	上期缓征到期数 6	本期申请缓缴数 7	缴纳以往年度欠税 8	应缴税额 9	滞纳金 10
合计									

续表

纳税人声明	授权人声明	代理人声明
本纳税申报表是按照国家税法和税务机关有关规定填报的，我确信是真实的、合法的。如有虚假，愿负法律责任。以上税款请从账号划拨。 法定代表人（业主）签名： 经办人签字： 主管会计签字： 年 月 日	我单位（公司）现授权_____为本纳税人的代理申报人，其法定代表人_____，电话_____，任何与申报有关的往来文件都可寄与此代理机构。 委托代理合同号码： 授权人（法定代表人）签名： 年 月 日	本纳税申报表是按照国家税法和税务机关有关规定填报的，我确信是真实的、合法的、如有不实，愿承担法律责任。 法定代表人签名： 代理人盖章： 年 月 日
受理申报日期： 年 月 日	审核申报日期： 年 月 日	录入日期： 年 月 日
受理人：	审核人：	录入人：

3.6.7 车船税纳税申报表

车船税纳税申报表

税款所属期间： 年 月 日至 年 月 日　　　　金额单位：元

纳税人名称或姓名				纳税人识别号码或身份证件号码				
住址				联系电话				
开户银行				银行账号				
序号	车船类别	车架号码/车辆识别代码或船舶初次登记号	车船登记证书或行驶证书核发时间	车辆牌号	车辆载客人数或自重吨位数、船舶净吨位数或发动机功率数	计税单位	年税额标准	申报纳税额
1								
2								
3								
4								
上栏不够填写的，请继续填写附表				小计(1)				
				合计[小计(1)+附表小计]				
纳税人声明：此纳税申报表是根据《中华人民共和国车船税暂行条例》及其实施细则、《××市车船税实施办法》的规定填报的，我确认上述申报是真实的、可靠的、完整的。				如果委托代理人申报，请填写以下资料：为代理一切税务事宜，现授权(代理人名称： 经办人： 电话：)为本纳税人的代理申报人。				
声明人签字(或盖章)：				授权人签字：				

以下由税务机关填写

收到日期： 年 月 日	接收人：	审核日期： 年 月 日	审核人：
审核记录：		主管税务机关盖章	

车船税代收代缴申报明细表

扣缴义务人编码：　　　　　　　　　　　　扣缴义务人名称：

申报日期起	申报日期止	车架号码	车牌号码	税务局证件代码	机构代码或身份证件号	纳税人名称	所属区县	登记地址	车船登记日期	税务局税目代码	车辆载客人数	车辆自重吨位	年税额标准	应纳税额	保单确认码	保单号
本期解缴代收代缴税款总额：　　元									本期代收代缴车船税车辆总数：辆(艘)							

3.6.8　扣缴个人所得税报告表

扣缴个人所得税报告表

扣缴义务人编码：

扣缴义务人名称（公章）：　　　　　　　　　　金额单位：元（列至角分）

填表日期：　年　月　日

序号	纳税人姓名	身份证照类型	身份证照号码	国籍	所得项目	所得期间	收入额	免税收入额	允许扣除的税费	费用扣除标准	准予扣除的捐赠额	应纳税所得额	税率（%）	速算扣除数	应扣税额	已扣税额	备注
1	2	3	4	5	6	7	8	9	10	11	12	13	14	15	16	17	18
合计										—	—	—	—	—			

扣缴义务人声明	我声明：此扣缴报告表是根据国家税收法律、法规的规定填报的，我确定它是真实的、可靠的、完整的。 声明人签字：

会计主管签字：　　　　负责人签字：　　　　扣缴单位（或法定代表人）（签章）：

受理人（签章）：　　　　受理日期：　年　月　日　　　　受理税务机关（章）：

国家税务总局监制

本表一式两份，一份扣缴义务人留存，一份报主管税务机关。

填表说明：

1.本表根据《中华人民共和国税收征收管理法》（以下简称《税收征收管理法》）及其实施细则、《中华人民共和国个人所得税法》（以下简称《个人所得税法》）及其实施条例制定。

2.本表适用于扣缴义务人申报扣缴的所得税额。扣缴义务人必须区分纳税人、所得项目，逐人逐项明细填写本表。

3.扣缴义务人不能按规定期限报送本表时，应当在规定的报送期限内提出申请，经当地税务机关批准，可以适当延长期限。

4.扣缴义务人未按规定期限向税务机关报送本表的，依照《税收征收管理法》第六十二条的规定，予以处罚。

5.填写本表要用中文，也可用中、外两种文字填写。

6.表头项目的填写说明如下：

（1）扣缴义务人编码：填写税务机关为扣缴义务人确定的税务识别号。

（2）扣缴义务人名称：填写扣缴义务人单位名称全称并加盖公章，不得填写简称。

（3）填表日期：是指扣缴义务人填制本表的具体日期。

7.本表各栏的填写如下：

（1）纳税人姓名：纳税义务人如在中国境内无住所，其姓名应当用中文和外文两种文字填写。

（2）身份证照类型：填写纳税人的有效证件（身份证、户口簿、护照、回乡证等）名称。

（3）所得项目：按照《个人所得税法》规定项目填写。同一纳税义务人有多项所得时，应分别填写。

（4）所得期间：填写扣缴义务人支付所得的时间。

（5）收入额：如支付外币的，应折算成人民币。外币折合人民币时，如为美元、日元和港币，应当按照缴款上一月最后一日中国人民银行公布的人民币基准汇价折算；如为美元、日元和港币以外的其他外币的，应当按照缴款上一月最后一日中国银行公布的人民币外汇汇率中的现钞买入价折算。

（6）免税收入额：指按照国家规定，单位为个人缴付和个人缴付的基本养老保险费、基本医疗保险费、失业保险费、住房公积金，按照国务院规定发给的政府特殊津贴、院士津贴、资深院士津贴和其他经国务院批准免税的补贴、津贴等按照《个人所得税法》及其实施条例和国家有关政策规定免于纳税的所得。

此栏只适用于工资薪金所得项目，其他所得项目不得填列。

（7）允许扣除的税费：只适用劳务报酬所得、特许权使用费所得、财产租赁所得和财产转让所得项目。

①劳务报酬所得允许扣除的税费是指劳务发生过程中实际缴纳的税费；

②特许权使用费允许扣除的税费是指提供特许权过程中发生的中介费和相关税费；

③适用财产租赁所得时，允许扣除的税费是指修缮费和出租财产过程中发生的相关税费；

④适用财产转让所得时，允许扣除的税费是指财产原值和转让财产过程中发生的合理税费。

（8）除法律法规另有规定外，准予扣除的捐赠额不得超过应纳税所得额的30%。

（9）已扣税额：是指扣缴义务人当期实际扣缴的个人所得税税款及减免税额。

（10）扣缴非本单位职工的税款，必须在备注栏反映。

（11）表间关系：

①应纳税额=应纳税所得额×税率-速算扣除数

② $\frac{应纳税}{所得额}=\frac{收入额}{（人民币合计）}-\frac{免税}{收入额}-\frac{允许扣除}{的税费}-\frac{费用}{扣除标准}-\frac{准予扣除}{的捐赠额}$

注：全年一次性奖金等特殊政策的应纳税所得额计算除外。

③收入额（人民币合计）=收入额（人民币）+收入额（外币折合人民币）

（12）声明人：填写扣缴义务人名称。

8.本表为A4横式。

>> 3.7 编制会计报表

资产负债表

会企01表

编制单位：　　　　年　月　日　　　　单位：元

资产	年初余额	期末余额	负债和所有者权益	年初余额	期末余额
流动资产：			流动负债：		
货币资金			短期借款		
以公允价值计量且其变动计入当期损益的金融资产			以公允价值计量且其变动计入当期损益的金融负债		
应收票据			应付票据		
应收账款			应付账款		
其他应收款			预收账款		
预付款项			应付职工薪酬		
应收利息			应交税费		
应收股利			应付利息		
存货			应付股利		
持有待售资产			其他应付款		

续表

资产	年初余额	期末余额	负债和所有者权益	年初余额	期末余额
一年内到期的非流动资产			持有待售负债		
其他流动资产			一年内到期的长期负债		
流动资产合计			其他流动负债		
非流动资产：			流动负债合计		
可供出售金融资产			非流动负债：		
持有至到期投资			长期借款		
长期应收款			应付债券		
长期股权投资			长期应付款		
投资性房地产			专项应付款		
固定资产			预计负债		
在建工程			递延所得税负债		
工程物资			其他非流动负债		
固定资产清理			非流动负债合计		
生产性生物资产			负债合计		
油气资产			所有者权益：		
无形资产			实收资本		
开发支出			资本公积		
商誉			减：库存股		
长期待摊费用			盈余公积		
递延所得税资产			未分配利润		
其他非流动资产			所有者权益合计		
非流动资产合计					
资产总计			负债和所有者权益总计		

单位负责人：　　　　财会负责人：　　　　复核：　　　　制表：